少林秘传绝技丛书（二）

少林吐纳养生功

邓方华　编著

人民体育出版社

图书在版编目（CIP）数据

少林吐纳养生功 / 邓方华编著. -- 北京 : 人民体育出版社, 2021（2023.12重印）
（少林秘传绝技丛书. 二）
ISBN 978-7-5009-5904-5

Ⅰ. ①少… Ⅱ. ①邓… Ⅲ. ①少林武术－养生(中医) Ⅳ. ①G852②R212

中国版本图书馆CIP数据核字(2020)第235213号

*
人民体育出版社出版发行
三河兴达印务有限公司印刷
新 华 书 店 经 销
*
880×1230　32开本　8.75印张　182千字
2021年6月第1版　　2023年12月第2次印刷
印数：3,001—5,000册
*
ISBN 978-7-5009-5904-5
定价：34.00元

社址：北京市东城区体育馆路8号（天坛公园东门）
电话：67151482（发行部）　　邮编：100061
传真：67151483　　邮购：67118491
网址：www.psphpress.com
（购买本社图书，如遇有缺损页可与邮购部联系）

参编人员

高　翔　　丁亚丽　　高　飞

郭成敏　　高　绅　　李梦瑶

总 序

2017年1月25日，中共中央办公厅、国务院办公厅印发了《关于实施中华优秀传统文化传承发展工程的意见》（以下简称《意见》），并发出通知，要求各地区各部门结合实际认真贯彻落实，体现了党和政府对中华优秀传统文化的重视。

在国民教育方面，《意见》提出：加强中华优秀传统文化相关学科建设，重视保护和发展具有重要文化价值和传承意义的“绝学”、冷门学科。在保护传承文化遗产方面，《意见》提出：推动民族传统体育项目的整理研究和保护传承。

中华武术有着几千年的发展历史，是中华民族在社会实践中创造的宝贵财富，是中华文化的重要组成部分。少林武术作为中华传统武术的优秀代表，其秘传绝技与武学秘籍一直是武术爱好者竞相学习和研究的对象。目前在国家的重视下，少林武术发展形势良好，但也存在可供学习的少林武术书籍相对较少的问题，因此，需要对少林武术的相关技艺进行整理出版，使中华武术进一步发扬光大。

《少林秘传绝技丛书》应运而生。本系列丛书依据“健康第一”的教育理念和“便于传承与发展”的要求，邀请有关专家参与编写，披露了少林武术的多种秘法绝艺。先期出版的有《少林点穴绝技》《少林擒拿绝技》《少林擒跌绝技》《少林短打绝技》《少林腿法绝技》《少林古传擒拿与点穴》《少林古传技击术》《少林八段锦古传秘功》《少林易筋经古传秘功》等12本，第二辑包含《少林秘传童子功》《少林古传养生法》《少林秘传五禽功》等9本。这套丛书既可作为武术爱好者学习研究的参考用书，也可作为各级各类武术教员的教学用书。

本系列丛书注重图文并茂，避免抽象化和纯理论化，意在提高现代武术爱好者的学习兴趣；立足于理论联系实际，突出学以致用要则；力求简洁明晰，便于阅读，便于练习。当然，不足之处在所难免，欢迎读者批评指正，以利今后进一步充实与完善。

内容提要

少林吐纳养生功，以静功练息为基础，常结合贯注、导引等动功，静中有动，动中有静，动静相合，内外兼修，功效显著。

罗汉吐纳功，以吐纳之“吸清呼浊，凝神养气”，结合“导引、按跷”，站坐并行。练之可补养元气，充盈百脉，畅通经络。

鹤形吐纳功，据传源自少林“内功五拳”之“内功鹤拳”，内练吐纳，大补元气；外练柔劲，导气贯力，内外相融，浑然一体。

龙虎吐纳功，也称“龙吞虎纳功”，其运势与行功，借鉴龙形之变与虎形之威。整套功法，以息引动，以动养息，动息相合。

站势吐纳六字功，采取“嘘、呵、呼、呬、吹、嘻”六字，长呼深吸，结合导引，动作柔和，简便易行。

坐势吐纳六字功，借鉴武功发劲之音——“嘘、哈、呜、嘶、嗨、唏”，练法别致，发音独特，吐息有力。

目 录

第一章

少林吐纳基本功

吐纳功是我国非常古老的养生秘功，历史悠久，影响深远。

战国中期《庄子·外篇·刻意》即载有："吹呴呼吸，吐故纳新。"西汉时王吉《上疏谏昌邑王》："吸新吐故以练臧，专意积精以适神，于以养生，岂不长哉！"三国时魏国嵇康《养生论》："又呼吸吐纳，服食养身，使形神相亲，表里俱济也。"《新唐书·宦者传·高力士》："朕将吐纳导引，以天下事付林甫，若何？"宋朝邵伯温《闻见前录·卷七》："抟不知吐纳修养之理，假令白日冲天，亦何益于圣世？"清代孙枝蔚《题华山高枕图寿吴香林》诗："那用仙家吐纳频，陶然一枕自生春。"

吐纳功，是养生内功与武术内功中一种独特的功夫，既可单练以保健养生，同时也是高级内功不可或缺的修炼基础。何谓吐纳功？顾名思义，即主练呼吸之功。但此"呼吸"，与我们平常的呼吸不同，是指练功的特殊呼吸，已经上升到"功夫"的高度与境界，所以命名为"吐纳功"。其练功的主要目的，是要达到健肺强心、益气增力、防病却病、延年益寿的武术与养生功效。

吐纳功对呼吸的使用器官、呼吸的长度深度，配合的心法意诀与外形动静、动作快慢等，皆有讲究与偏重。如鼻吸鼻呼、鼻吸口呼、口吸口呼；长呼深吸、深吸短呼、长呼短吸；意守呼吸、丹田呼吸、贯注呼吸；闭气、胎息、发音等法。如静势吐纳、动势吐纳；导引吐纳、按摩吐纳；慢吐纳、快吐纳等功。丰富多彩，各有妙用。

作为武术外家代表的少林一派，其吐纳功有着自己的独特一面。大致而言，少林吐纳养生功，以静功练息为基础，常结合贯注、导引等动功，静中有动，动中有静，动静相合，内外兼修，功效显著。

民国武术家金倜生《少林内功秘诀·内功吐纳》载："吐纳，吐浊、纳清之意。吐纳功者，内功修炼呼吸之法也。""吐纳乃弛张肺部之法。夫肺为气之府，气为力之君，言力者不离乎气。肺强者力旺，肺弱者力微，此千古不易之理也。故少林派中对于此事非常注意，且有费尽苦功专习呼吸，而增其气力者。"

朱鸿寿《少林拳法图说·呼吸》载："呼吸之职，肺脏司之。大凡肺强之人，其气必长，其力必大。肺弱者反之，何也？因肺为气之府，气乃力之源。故言力者，不能离气，按之生理，无丝毫或爽。北派拳法，乃有专练吐纳，以增其实力者。成功之伟，颇可惊异，其初本为寡力之夫，因十年练习呼吸之功，有增其两手之力能举七百斤以上者。"

本章选择几种常见易学的少林吐纳基本功，以供读者学练健身。

一、坐势静功数息法

【练法】

1. 两腿双盘，先将左脚掌置于右大腿上，后将右脚掌置于左大腿上，称为“吉祥坐”。（图1–1）

图1–1

《少林内功真传》载：“双盘者，即依单盘之势，将盘于下面之脚扳起，置于上面膝头之上，使两足之心皆向上面，而两腿则交叉绾成一结，此则较单盘为难。佛家坐禅，皆用双盘之法，全身筋络得以紧张，身体容易正直，而收效较宏也。”

双盘坐较为专业，没有柔功基础，很多人根本盘不成，反而耽误或影响练功，所以，除了双盘坐，也可采用更为简易随便的坐势，如单盘坐势、自然盘坐势、自然坐凳势、自然坐床势等，因人而异，因地制宜，不必拘泥。其中，只有单盘稍微难一点，其他坐势，没有武功基础的也可轻易使用。

2. 两腿双盘，先将右脚掌置于左大腿上，后将左脚掌置于右大腿上，称为“降魔坐”或“金刚坐”。（图1–2）

图1–2

数息是吐纳“调息”的一种常用方法。所谓调息，指练习呼吸，调适（调整使之顺适）气息，使之徐缓、深长、均匀、舒顺。

练习数息时，首先要收摄心神，意守丹田。继而调适呼吸，即渐渐放慢呼吸，加长呼吸，加深呼吸；同时，开始默念数字，以意引息，气下丹田。久练有得，则心神安定，气息舒顺，呼吸有力，丹田坚实，体能大增。

《少林宗法秘诀》载：

（1）“欲学技击，先学数息。此本道家修养之术，而佛门初步时，亦有此法。盖以世俗多卤莽犷悍之夫，平日稍一动作，则气往上浮，呼吸如抽，如是则其头脑昏聩，不唯耳目失观听之能，而手足亦必无所措，溯其受病之由，实因气息粗率所致。故技击专家，必须使气贯丹田，虽腾跃跳纵，犹能平其心气，而后可以临危应变，操必胜之机。可见气息一功，至关肯要，不可以寻常视之也。”

（2）“数息之功，即不动心之道。盖心与气本属一体，古语所谓‘气静则神恬，神恬则气足’。技击臻此境界，而后可称上乘，可称绝技，否则仍不过野道旁门，终难入于名家巨子之林也。”

（3）“至数息之法，又名调息，道家又称听息。盖以气息由于呼吸，呼吸由于肺部，而鼻为出入之门。凡技击学步之始，先须使气脉沉静，直达气海（又名丹田，即小腹下部是也）。抛却万念，默记其度数，或由一数至五，或由一数至十，不可记数太多，以免心神昏乱。此数息之法也。”

《甘凤池静功秘谱》载：

（1）“修静之时，宜清神寡欲，收敛身心，调适呼吸，意守丹田。入手之初，必有杂念萦心，气乱神迷，难以收益。而欲有得，宜用数息，以神驭气，注于丹田，盖以其为元气之原府、内府之中宫也。”

（2）“意守丹田，即意存于丹田，而不即不离也。用意之法，亦宜调适，不可追逐，不可无神，自然而然。日久气注神往，自见功效。”

（3）“先从一刻时入手，以后渐增，两刻时，三刻时，过四刻时者止。”

二、站势按掌吐纳法

【练法】

1. 两脚开立，约与肩同宽，上身微向前移，全身放松；两掌垂于体侧。双目垂帘，入静片刻。（图1–3）

2. 两掌从体侧上举过头顶，两臂成半弧形，掌心向下。双目睁开。（图1–4）

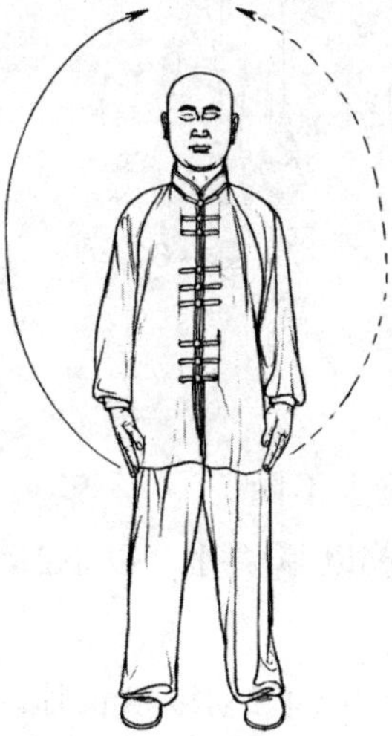

图1–3

图1–4

3．两掌缓缓下移，经面部下按，指尖相对，掌心向下。（图1–5）

4．两掌沿胸前按至腹部前侧（与肚脐平），十指略屈，掌心内含。（图1–6）

图1–5

图1–6

此功有两种气法，练法不同，功效也不同。

第一种主练纳气，第2动（图1–4）以鼻长呼，以下2动（图1–5、图1–6）以鼻深吸。

第二种主练吐气，第2动以鼻深吸，以下2动以鼻长呼。

初练者，要先练第一种，以多纳气而补元养身。

三、坐势扭身吐纳法

【练法】

1. 平坐，两腿伸直，两脚相并；左掌按在腰后，掌心向内护肾；右掌搭在左肩上。目视前方。（图1–7）

2. 以鼻深深吸气；同时，以百会至会阴连线为轴，头颈尽力向左扭转。目视左后方。（图1–8）

图1–7

图1–7附图

图1–8

图1–8附图

3. 以鼻长长呼气；同时，上体向右回转；面向正前方。（图1-9）

4. 换手，右掌按右腰，左掌搭右肩。以鼻深吸；头颈向右扭转。目视右后方。（图1-10）

图1-9

图1-10

按上述动作，缓缓而行，左右均练。

四、站势扭身吐纳法

【练法】

1. 两腿分开，间距略宽于肩，身躯正直；左掌贴在腰后，掌背靠身；右掌搭于左肩。随后，上体向左转动；同时，以鼻深吸。目视左后方。（图1-11）

图1–11

图1–11附图

2. 以鼻徐徐长呼；身躯回转。直至面向正前方，将气吐净。（图1–12）

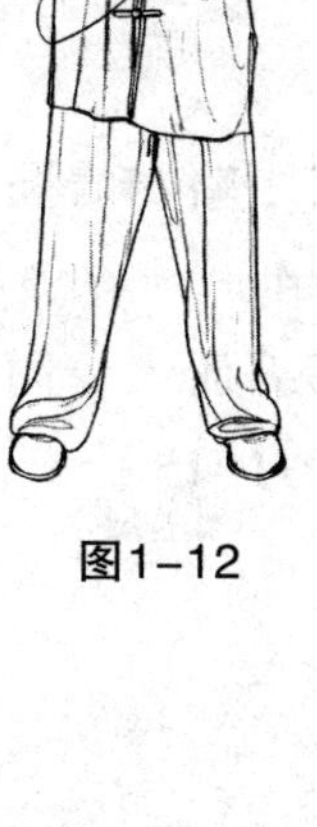

图1–12

3. 然后以鼻深吸；换手向右转动。目视右后方。（图1–13）

图1–13

按上述动作，缓缓而行，左右各转数次。

五、抻筋活络吐纳法

【练法】

1. 两脚左右分开，间距略与肩同宽；双掌垂于体侧；正身直立，全身放松。（图1–14）

2. 开始以鼻吸气，绵绵而入；同时，两掌向前上提平伸，掌心向下，指尖向前。（图1–15）

图1-14

图1-15

图1-15附图

3. 继续吸气；同时，两掌握拳屈肘收于肩前，拳心向前，拳面向上。（图1–16）

4. 深吸至满；头与身躯前倾，两脚后跟上提。（图1–17）

图1–16

图1–17

图1–17附图

5. 以鼻较快地呼气，或以口吐气，也可发出声音；双拳变掌，下按胯侧；上身挺直，屈膝下沉。（图1–18）

图1–18

六、发力发声吐纳法

【练法】

1. 两掌抱腹，以鼻深吸至满。（图1–19）

2. 双掌用力向前推出，腕高平肩，脊背用意后顶；同时，以口猛然发声，将气吐尽。（图1–20）

按照上述，反复练习。

图1–19

图1–20

七、吐纳换气强身法

吐纳换气法，是一种比较常见的吐纳基本功，方法简单，易学易练。经常练习，可采新泄废，补气增力；提神除疲，防疾祛病；健肺强心，延年益寿。

（一）起势

【练法】

1. 两脚并步，正身直立；两掌垂于体侧；全身放松，先呼后吸，即先以口缓缓呼气，感觉身体废气尽被吐出，随即以鼻缓缓把气吸足，感觉身体被清气充满。（图1–21）

图1–21

注意，此势呼吸要求较长些与较深些，以泄浊气、纳新气，达到“换气”功效。但也不可过猛，可自行把握，三呼三吸即可，以免引起身体不适。

2. 左脚横开一步，两脚间距略宽于肩，脚尖平行向前；两掌握拳，收抱腰间，拳心向上。定势后，先吸后呼。三吸三呼即可，要点同上。（图1–22）

图1–22

（二）推气

【练法】

1. 接上势，以鼻缓缓长呼；两拳变掌，内旋使掌心向里，向两脚前徐徐伸去，上身随之下俯。至两掌指尖触地时，呼气完毕，稍停。（图1–23）

2. 以鼻缓缓深吸；两掌挺腕，变爪下按。（图1–24）

3. 深吸至满；两爪握拳，两拳心相对。（图1–25）

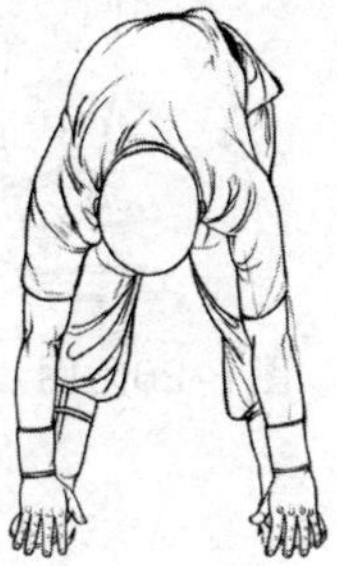

图1–23

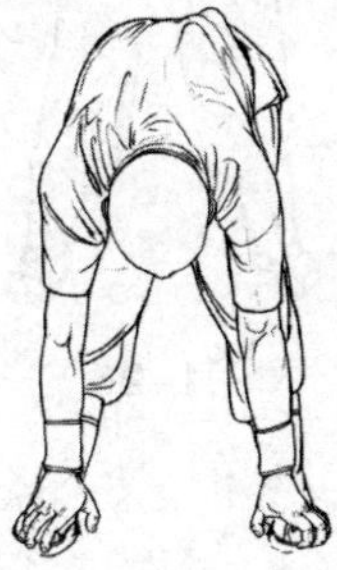

图1–24

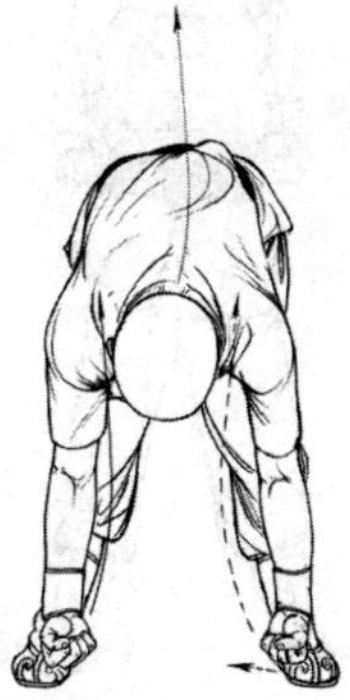

图1–25

4. 以鼻长呼；两拳如提重物，直臂向上抬起，至与肩平；同时，立腰直起，左脚略收。（图1–26）

5. 以鼻深吸；两拳收至腰间，拳心向上。（图1–27）

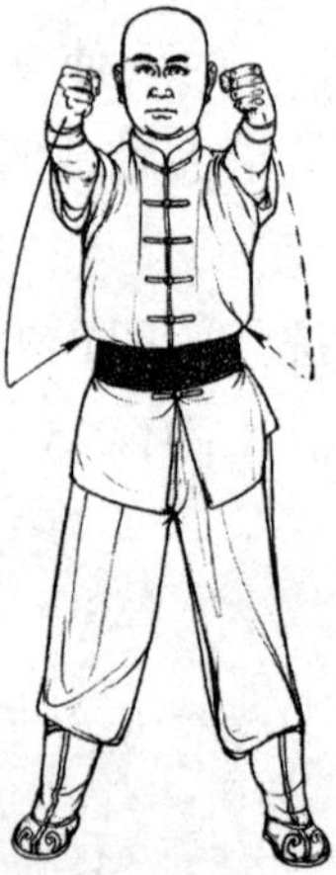

图1–26

图1–26附图

图1–27

6. 口发“哈——”字音；两拳变掌，用力向前直臂推出，掌心向前，指尖向上，腕高平肩。（图1–28）

7. 略停，以鼻深吸；两掌握拳，屈臂收抱腰间。（图1–29）

图1–28

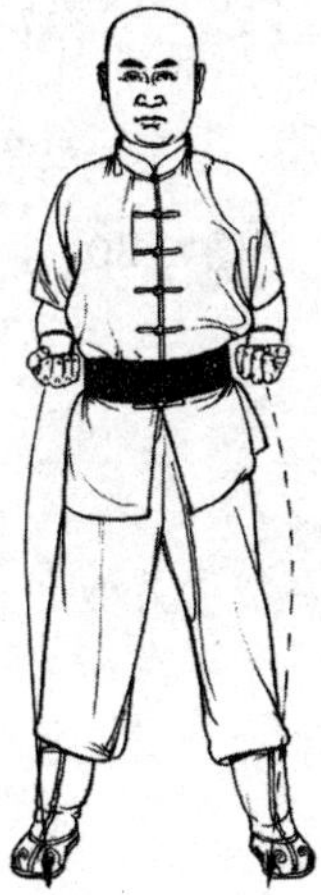

图1–29

（三）分气

【练法】

1. 接上势，以鼻长呼；两拳变掌，内旋下伸，指尖触地；上身下俯。（图1–30）

2. 以鼻深吸；两掌挺腕，变爪下按。（图1–31）

3. 深吸不停；扣指握拳，两拳心相对。（图1–32）

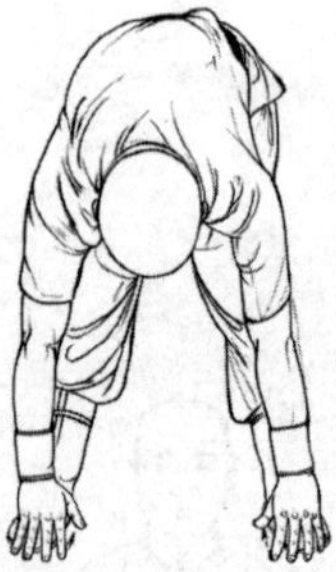

图1–30

图1–31

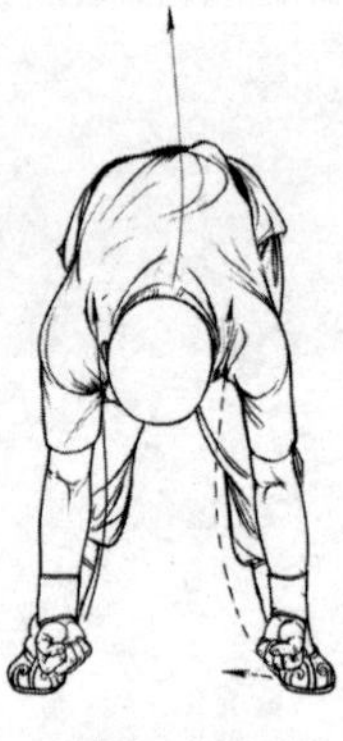

图1–32

4. 以鼻长呼；双拳如提重物，直臂向前上抬，至与肩平；上体立起，左脚略收。（图1-33）

5. 以鼻深吸；两拳屈肘后收，置于肩前，拳面相对，拳心向里。（图1-34）

图1-33

图1-34

6. 口发“哈——”字音；两拳变掌，用力向左右推出，掌心向外，腕高平肩。（图1-35）

7. 以鼻深吸；双掌外旋握拳，屈臂回收腰间，拳心向上。定势后，以鼻把气呼出。（图1-36）

图1-35

图1-36

（四）捞气

【练法】

1. 以鼻深吸；左脚横开半步，两腿屈膝下蹲成马步；两拳随下蹲动作屈臂上提，高约平额，与头成“山”字形，拳心相对。（图1–37）

2. 以鼻长呼；双拳变掌，直臂向左右伸开，高与肩平，掌心向下。（图1–38）

图1–37

图1–38

3. 以鼻深吸；两掌下落，上体逐渐前俯，两腿渐渐蹬直。两掌落至与膝相平时，慢慢翻转向内合拢，如捞物状，掌心向上。（图1–39）

4. 深吸不停；两掌内合，距约与肩同宽时，向前、向上平端托起，指尖向前；上体立起，臀部缓缓下沉，两腿屈膝半蹲成马步。（图1–40）

5. 以鼻长呼；两掌外转上移，托举过头顶，指尖向后，掌心向上。（图1–41）

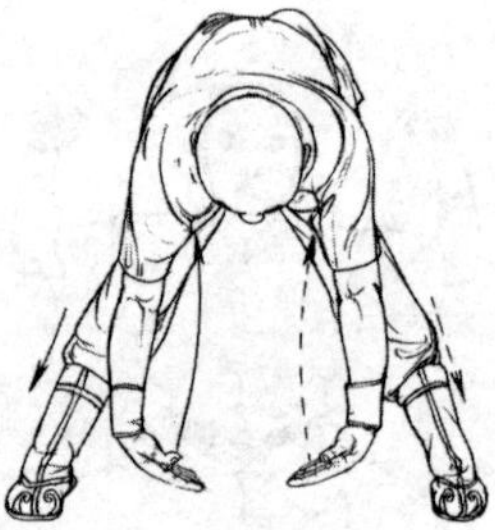

图1–39

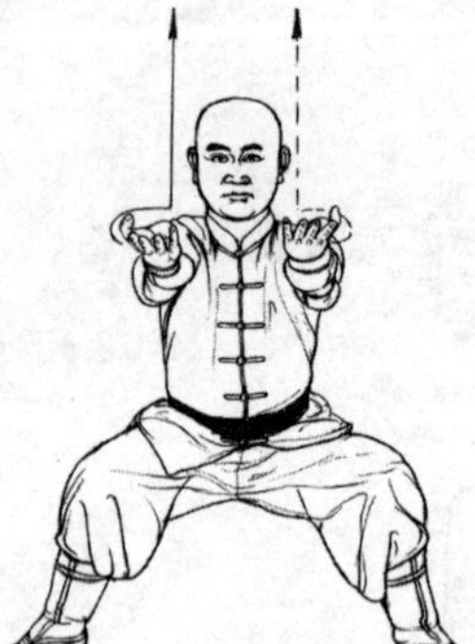

图1–40

图1–41

6. 以鼻深吸；两掌握拳，落抱腰间。（图1–42）

7. 口发“哈——”字音；双拳变掌，用力向上推出，掌心向上，指尖向后。（图1–43）

8. 以鼻深吸；两掌握拳，屈肘下落，收于腰间。（图1–44）

定势后，吐纳数十次。

体力弱者，可直接收势。

图1–42

图1–43

图1–44

（五）收势

【练法】

1. 以鼻深吸；左脚向右脚内侧收拢，并步正身直立；两拳仍然抱于腰间。（图1-45）

2. 以鼻长呼；两拳松指成掌，垂于体侧。最后，全身放松，调匀呼吸，收功。（图1-46）

图1-45

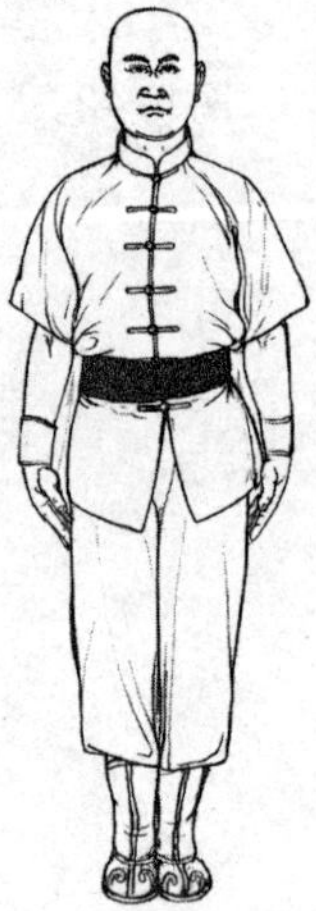

图1-46

（六）要点提示

1. 练功宜选择空气清新、环境优雅的宽敞地方。

2. 风、雾、雨、雪等天气皆不宜在室外练功，可在通风良好的室内练习。

3. 练习次数依体质而定，循序渐进。

4. 过饥、过饱、酒后、疲劳等情况皆不宜进行练习。

第二章

罗汉吐纳养生功

罗汉吐纳功，以吐纳之“吸清呼浊，凝神养气”，结合“导引、按跷”，站坐并行，内外兼修。经常练习，可补养元气，充盈百脉，畅通经络，康健脏腑，理疗病疾，益寿延年，是一种优秀的少林健身养生功。

据传，罗汉吐纳养生功源自达摩禅师。达摩在嵩山面壁九年，全凭吐纳之术得以养生，他先把此功传给少林寺僧，后即流传开来。故罗汉吐纳功有时也被称为“达摩吐纳功”。

一、站法吐纳功

【练法】

1. 两脚并步，正身直立；两掌垂于体侧；呼吸自然。目视前方。（图2–1）

2. 左脚向左横开一步，两脚间距略比肩宽；同时，收两掌抱于丹田（小腹），右掌在外。定势后不动，深吸长呼数次，次数自定。（图2–2）

图2–1

图2–2

3. 以鼻深吸；两掌分开向上提起，掌心向下，约与耳平。随即，以鼻长呼；两臂向两侧缓缓摊开，两掌置于两胯外侧，掌心向外，虎口向后。（图2-3）

4. 以鼻深吸；两掌向外上提展臂，掌心向上，指尖向外，高与肩平。（图2-4）

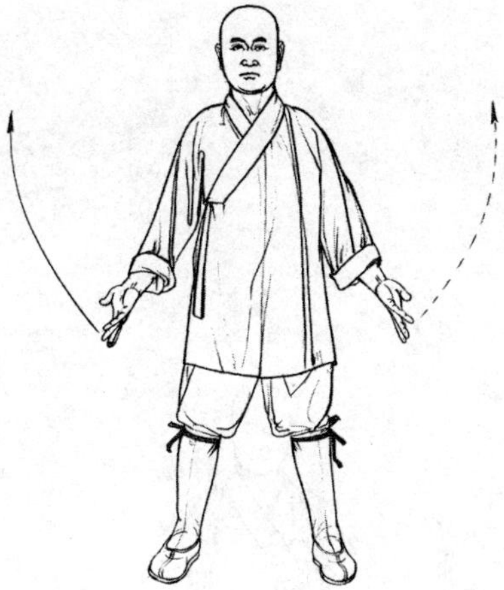

图2-3

图2-4

5. 两掌屈肘里合，至额前，指尖相对，掌心向下；吸气至满。（图2-5）

6. 以鼻长呼；两掌沿面前下按，经胸前至小腹。（图2-6）

图2-5

图2-6

7. 以鼻深吸；两掌外旋，掌心向上，提至两腋前，指尖向前。目视前方。（图2–7）

8. 以鼻长呼；转掌，向前伸臂推出，腕高与肩平，掌心向前，指尖向上。（图2–8）

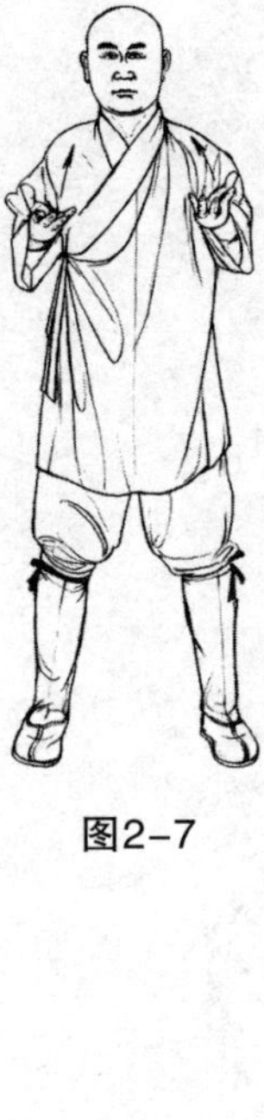

图2–7

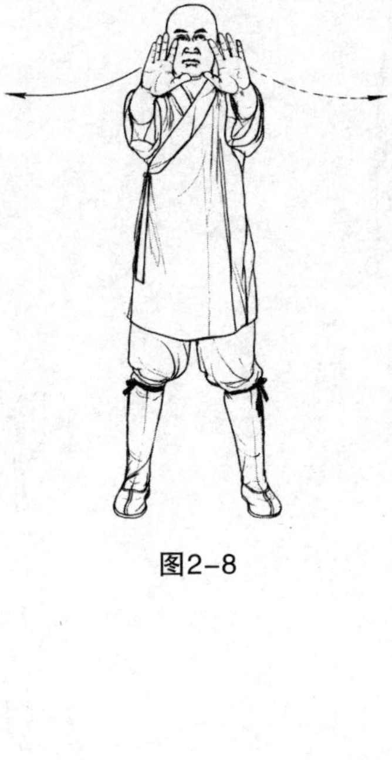

图2–8

图2–8附图

9. 以鼻深吸；两掌向左右展臂分开，高约平肩，虎口向下，掌心向后。（图2-9）

10. 吸气不停；两掌屈指握拳，向下收抱腰间，拳心向上。目视前方。（图2-10）

图2-9

图2-10

11. 以鼻长呼；两拳变掌，自体侧弧形上举至额前，掌心向下，五指分开，指尖相对。（图2-11）

12. 呼气不停；两掌下按过胸，直至小腹前。（图2-12）

图2-11

图2-12

13. 以鼻深吸；两掌向左右分开，展臂平肩，掌心向上，指尖向外。（图2–13）

14. 吸气不停；两掌自两侧继续上举划弧，至头顶上方，两掌心相贴合十，指尖向上。目视前方。（图2–14）

图2–13

图2–14

15. 以鼻长呼；合掌屈肘沉臂，肘与肩平，两中指端约与鼻尖平，两臂成半弧状。（图2–15）

图2–15

图2–15附图

16. 以鼻深吸；合掌缓缓内转，指尖向里对准鼻尖，虎口向下。（图2–16）

图2–16

17. 以鼻长呼；两掌根分开，掌心向前，拇指端相对，食指端相接，伸臂向前推出至臂直。（图2–17）

图2–17

图2–17附图

18. 呼气不停；两掌向左右分开，两腕平肩，坐腕竖掌，指尖向上，掌心向外。（图2–18）

图2–18

19. 以鼻深吸；两掌下沉，平伸掌指，使肩、臂、掌成一直线。（图2–19）

20. 吸气不停；两掌翻掌，掌心向上，指尖向外。目视前方。（图2–20）

图2–19

图2–20

21. 吸气不停；两掌上举里合，至额前上方，指尖相对，掌心向下。（图2–21）

22. 吸气不停；两掌下按，经胸前压至腰侧，指尖相对。（图2–22）

图2–21

图2–22

23. 以鼻长呼；两掌变拳，向前抬起，直臂与肩平，拳心向上。（图2–23）

图2–23

图2–23附图

24. 以鼻深吸；两拳内翻后收，拳心向下，收至两腰侧。（图2–24）

图2–24

25. 吸气不停；两拳上提胸前，拳面相对，拳心向下。（图2-25）

图2-25

26. 吸气不停；两拳向两肩前拉开；两脚跟同时提悬，两前脚掌撑地。（图2-26）

图2-26

图2-26附图

27. 以鼻长呼；两拳缓缓收回腰间，拳心向下；放下脚跟。（图2–27）

28. 以鼻深吸；两拳向前平肩推出，上身微后倾，拳心向上。（图2–28）

29. 以鼻长呼；两拳变掌，垂放体侧。最后，放松全身，调匀呼吸，收势。（图2–29）

图2–27

图2–28

图2–29

二、坐法吐纳功

（一）四聪运转

【练法】

1. 单盘坐定；两掌抚于两膝盖上，上体端正。（图2–30）

2. 用手掌劳宫穴，对准头顶百会穴，则全掌覆于四神聪之上（男左掌在下，女右掌在下），两掌重叠；配合吐纳，左转数次，右转数次，每转一圈，深长呼吸一次（如体力允许，可多转）。（图2–31）

图2–30

图2–31

始而头部有凉热感或麻胀感，继而有轻松感。

运转数次后，再用手掌在头顶重按数次，以动作缓慢、呼吸深长为要。

注：

这一节多为穴位按摩，穴位图在后，习者自行参照掌握。每一势中就不再详述穴位。

（二）日月通明

【练法】

1. 以鼻深吸；两掌轻抚面部，掌心向里，掌根放在颧骨下，掌心放在颧骨上。（图2-32）

2. 掌向上推，使中指达到前顶穴处，如洗脸之势；吸气至满。（图2-33）

3. 以鼻长呼；两掌按擦面部下行。（图2-34）

图2-32

图2-33

图2-34

4. 两掌至胸前之乳中穴，逐渐转为指尖向下；行至腹股沟之气冲穴变横掌摩腹，气感可达足次趾端之足阳明胃经的厉兑穴。（图2-35）

图2-35

一呼一吸为一次，反复练习。

这一动作涉及许多经络，而收效较大者是足阳明胃经。

（三）双阳下降

【练法】

1. 以鼻深吸；两掌由身侧上举，以小指腹按在两眼角内侧的睛明穴上。（图2-36）

图2-36

2. 深吸不停；两掌上行顶巅。（图2–37）

3. 两手向下、向后循按至胆经之风池穴；吸气至满。（图2–38）

4. 以鼻长呼；两掌翻转使掌心向里，经锁骨下行。（图2–39）

5. 两掌经过渊腋、日月、京门、环跳诸穴，直达足窍阴穴。（图2–40）

图2–37

图2–38

图2–39

图2–40

练习时，要注意顶头竖项、松腰塌胯、提肛缩肾，气自下沉。两手下按时，要自然用力，不要太过勉强。

（四）翻转听宫

【练法】

1. 以鼻吸气；两手上举至耳部，以剑指按住小肠经之听宫穴、胆经之听会穴。（图2–41）

2. 以剑指向上推按，经三焦经之耳门穴，达于头维穴、头临泣穴；吸气至满。（图2–42）

3. 以鼻长呼；以剑指向下点按或揉摩耳边诸穴。（图2–43）

如此反复练习。

图2–41

图2–42

图2–43

（五）五轮运转

【练法】

1. 以鼻深吸；两手上举，以剑指按在眼眶下胃经起点之承泣穴上。（图2-44）

2. 以剑指绕到胆经的瞳子髎穴，上鱼尾、丝竹空、鱼腰、阳白，直达额前胆经之临泣穴；吸气至满。（图2-45）

3. 以鼻呼气；剑指向内、向下，经眉冲、曲差，至攒竹，揉按内眼角之内睛明穴，顺鼻梁而下。（图2-46）

一吸一呼为一次，连续练习，以眼发热、轻松舒适为度。

图2-44

图2-45

图2-46

（六）叩齿有声

【练法】

双掌放置膝上；上下牙齿相叩击，咯咯有声。动作宜慢，自觉有热气，满口生津；如无热感可加倍叩击。（图2-47）

图2-47

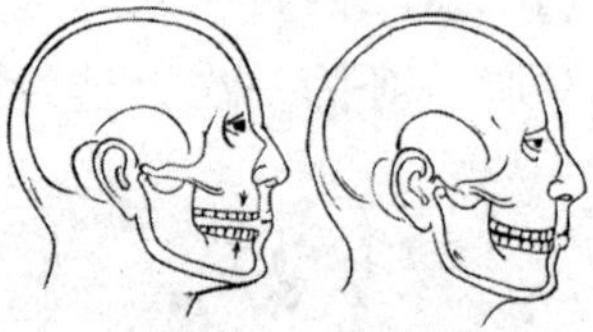

图2-47附图

（七）火炼金丹

【练法】

1. 两脚外棱相接，脚底向上，两腿屈膝，弯如满月；用两掌指尖摩揉脚心。（图2-48）

图2-48

2. 以鼻深吸；两脚趾上翘，腿渐向前伸直；两手由脚心涌泉穴，沿腿内侧肾经之脉，经胯缝向后，摩至腰部命门穴。（图2-49、图2-50）

图2-49

图2-50

3. 以鼻呼气；两手沿足太阳膀胱经之脉，摩至膀胱经的至阴穴。（图2-51、图2-52）

一吸一呼为一次，反复练习。

图2-51

图2-52

（八）热消鹤顶

【练法】

1. 收腿单盘坐；两掌劳宫穴按在两膝盖之鹤顶穴上，以两手食指和无名指扣住髌骨下之犊鼻穴，由里向外揉按；同时，以鼻深吸。（图2-53）

图2-53

2. 以鼻长呼；同时，由外向里揉按。（图2-54）

一吸一呼，揉按一圈，反复练习，以膝部发热、舒适为度。

图2-54

（九）旋转乾坤

【练法】

1. 以鼻吸气；两掌向前上抬，掌心向上。（图2–55）

2. 吸气不停；边抬边旋转，抬至胸前屈臂，两掌变为爪形，爪尖向下戳按胆经之肩井穴处。（图2–56）

图2–55

图2–56

3. 以鼻呼气；两爪变掌沿气户穴，由腋窝向后、向下摩按。（图2–57）

图2–57

4. 两掌心翻转向上，合谷穴贴于肾俞穴上摩按。然后十指舒开，身向前俯，两臂尽量向后展开；长呼至尽。（图2-58）

5. 以鼻吸气；两掌经两侧向前上方划弧至胸前，外旋使掌心向上。（图2-59）

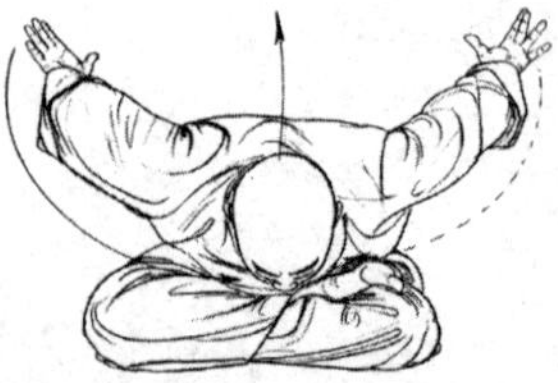

图2-58

图2-59

6. 两掌屈肘，变为掌心向里，指尖向下，劳宫穴对准曲泽穴；深吸至满。（图2-60）

7. 以鼻呼气；两掌内旋，十指舒展，翻掌向外，两掌指尖相对向前推出，两臂撑为半弧形，高约与人中穴平。（图2-61）

图2-60

图2-61

（十）青龙探首

【练法】

1. 两掌置于腰后，掌心按贴肾俞穴、志室穴。（图2–62）

图2–62

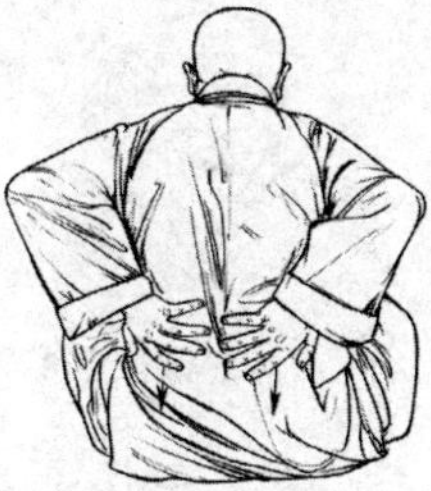

图2–62附图

2. 两手沿足膀胱经向下循按；自然吐纳。（图2–63）

3. 顺弯腰之势，放开两腿，两膝弯曲；两手沿腿外侧胆经之脉推至脚背，四指向前，大拇指压在公孙穴上。（图2–64）

图2–63

图2–64

4. 头向前探，上身尽力向前伸；两手握住脚尖向里扣住，随即搓按脚心涌泉穴。（图2-65）

5. 两腿前伸，两手由两腿内侧后收。（图2-66）

图2-65

图2-66

6. 两手经小腹收回，置于腰后，腰和头也恢复图2-62势。此为一次，反复练习。

（十一）仙鹤腾空

【练法】

1. 坐于凳上，两腿下垂放平；两掌放松，垂放身侧。（图2-67）

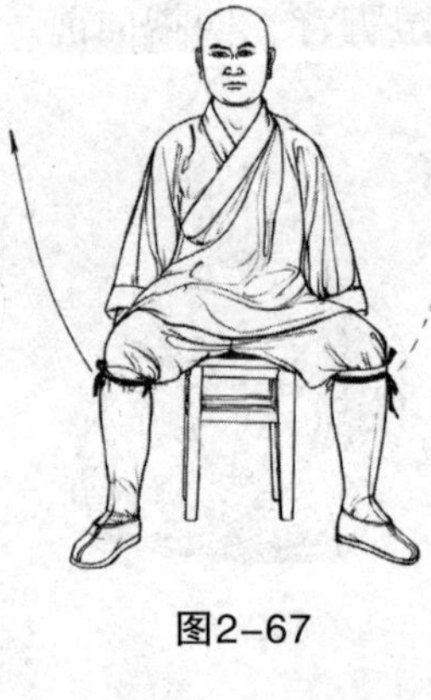

图2-67

2. 以鼻深吸；沉肩坠肘，含胸拔背，两臂左右抬起，指尖向下。（图2–68）

3. 两臂抬至高与肩平，伸指平掌；吸气至满。（图2–69）

4. 随呼气之势，两臂自然徐徐下落。（图2–70、图2–71）

图2–68

图2–69

图2–70

图2–71

如此随呼吸两臂一起一落，反复练习。

此势如仙鹤展翅，动作轻柔，起落自然，气达四梢，心境安舒。

（十二）经穴图

1. 四神聪穴。（图2–72）

2. 面部穴位。（图2–73）

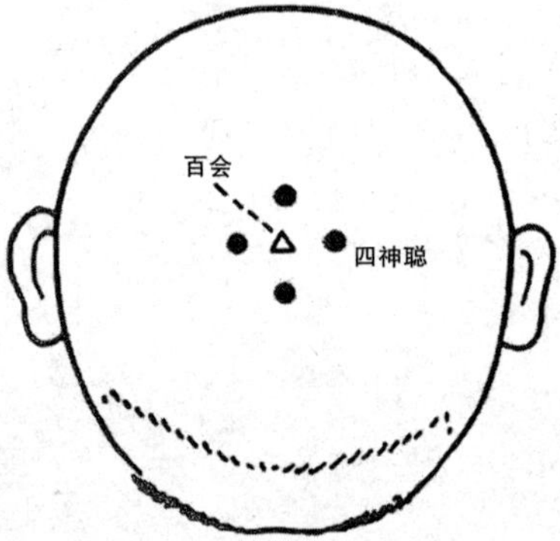

图2–72

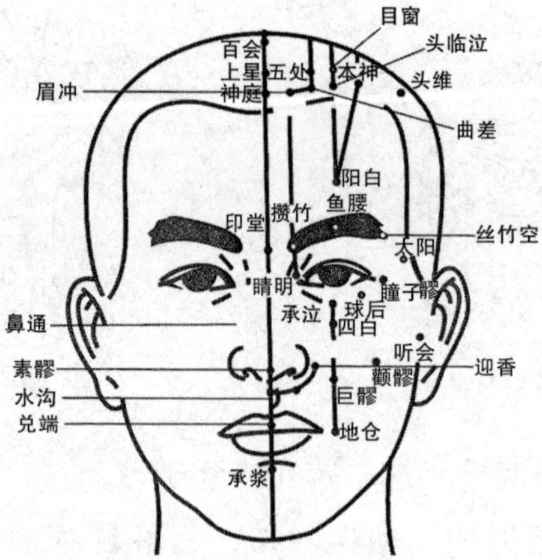

图2–73

3. 头部侧面穴位。（图2–74）

4. 头部后侧穴位。（图2–75）

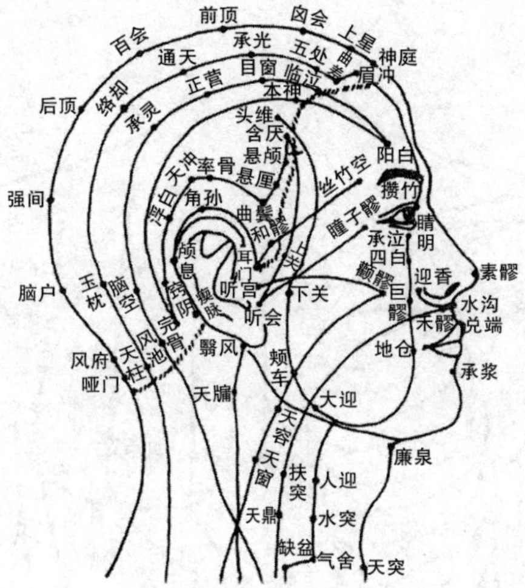

图2–74

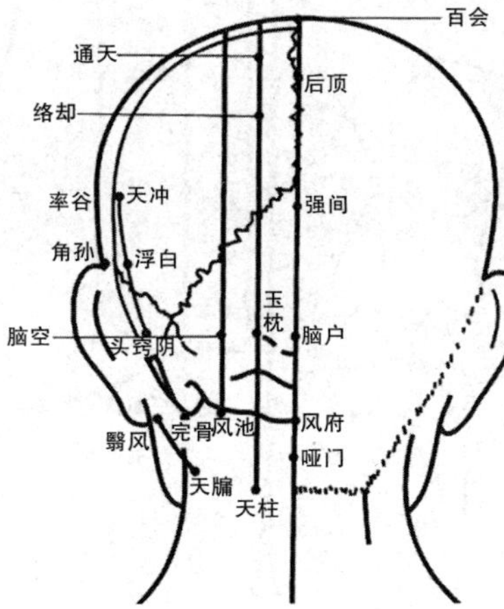

图2–75

5. 胸腹部穴位。（图2–76）

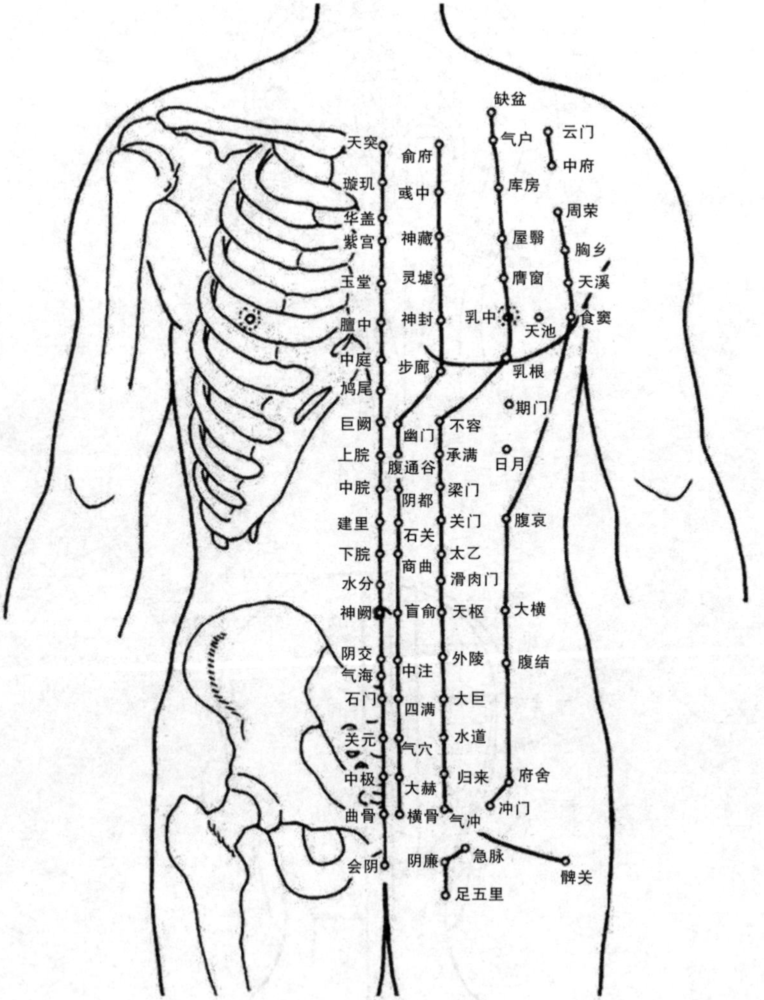

图2–76

6. 腰背部穴位。（图2–77）

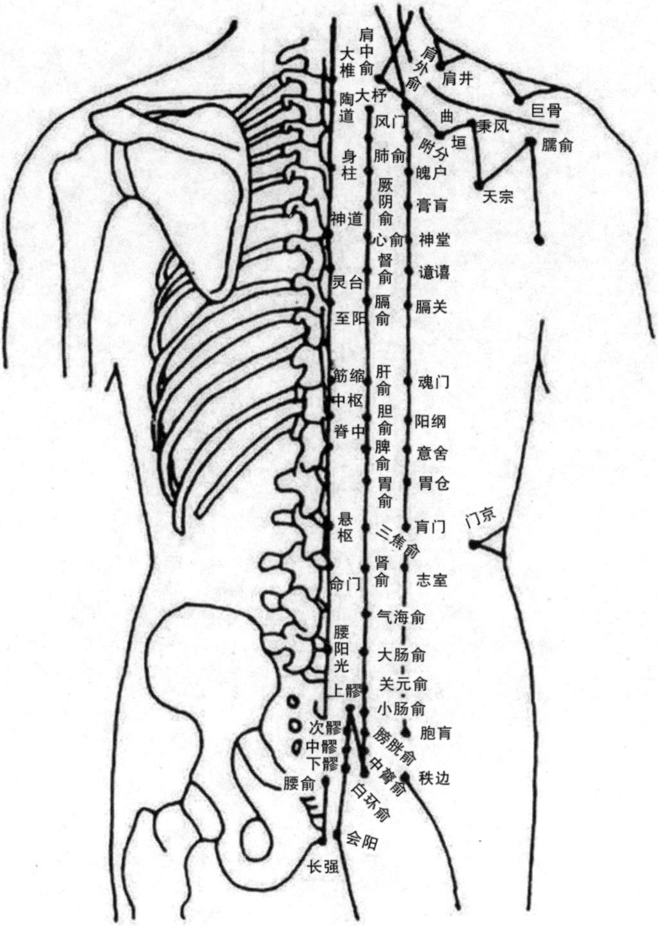

足太阳膀胱经

图2–77

7. 下肢穴位。（图2–78）

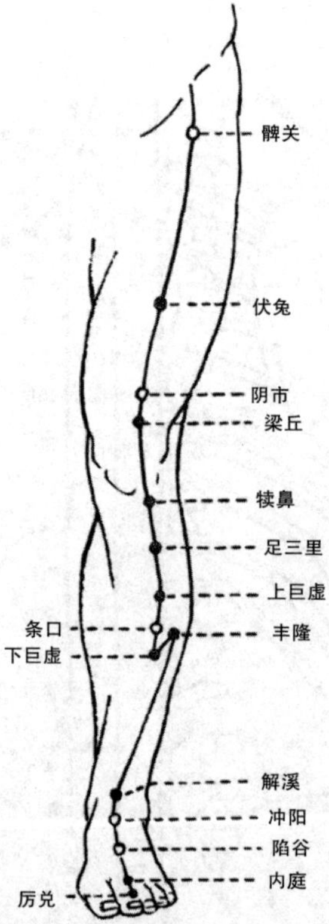

图2–78

8. 膝部穴位。（图2–79）

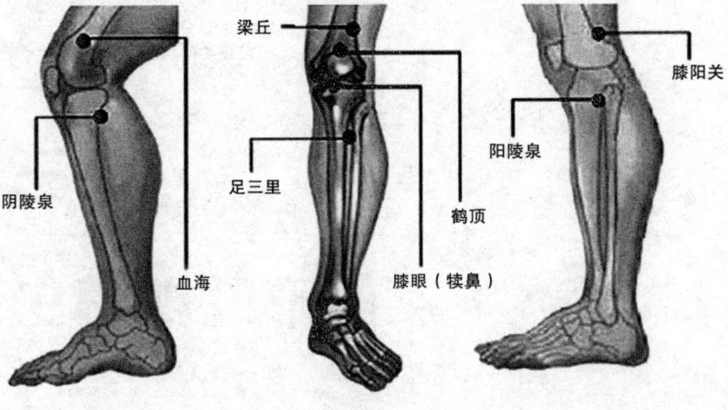

图2–79

9. 小腿至脚部穴位。（图2–80）

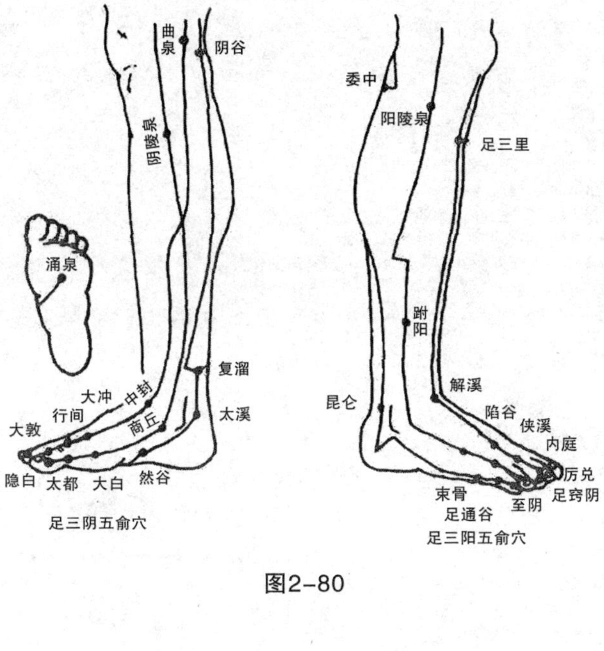

图2–80

第三章

鹤形吐纳养生功

鹤形吐纳养生功，据传源自少林“内功五拳”之“内功鹤拳”，取其鹤形，结合吐纳，专注养生，练法独特，动作美观。全套功法，内练吐纳，大补元气；外练柔劲，导气贯力，如此内外相融，浑然一体，练之可强身祛病，延年益寿。

本功属于“吐纳动功”，也叫“动功吐纳法”，相异于“吐纳静功”。其主要特点是，吐纳时有动作配合，所以练法较多，流传较广。其主要好处为，吐纳练息同时可再起到强筋壮骨、增益外劲等作用，使内外相合，功效也更加多样。

读者请注意，本功采用的是“吐纳随动法”，即吐纳随动自然为之。至于每一动是呼还是吸，不必作过多的限制与固定，在于学者自行把握，这样便于练习，不易出偏。但不得违背吐纳的“深吸长呼”原则，动作的“缓慢柔和”原则。

初练时，呼吸的深度与长度，比我们平常呼吸稍加即可。随着练功有成，渐渐加深加长，循序渐进。千万不要骤然加力，过度练习，以免身体无法适应而出现练功偏差。

一、起势

【练法】

1. 两脚并步，正身直立；两掌垂放体侧；闭唇合齿，以鼻缓缓呼吸。意守丹田（小腹），深吸长呼（吐纳）约1分钟，收摄心神，调气蓄劲，准备行功。（图3-1）

2. 左脚缓缓向左横开一步，两脚间距略宽于肩。（图3-2）

图3-1

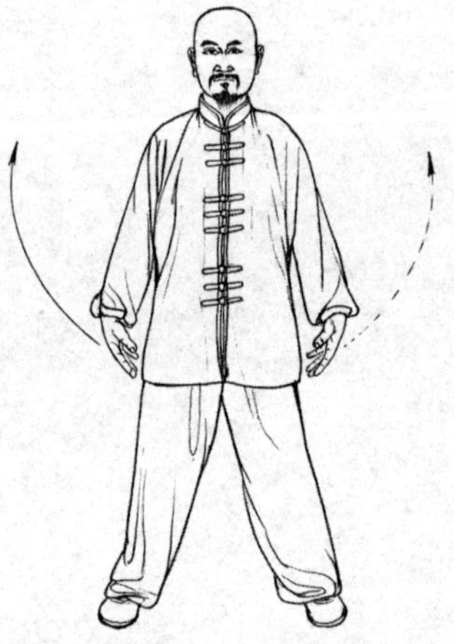
图3-2

3. 两掌向两侧分开，指尖向下，掌心向里，高与胸平；同时，两膝微屈。（图3–3）

4. 缓缓放松四肢，伸颈正头，自然垂下两掌。（图3–4）

图3–3

图3–4

5. 右脚退一步，左膝半蹲，成左弓步；同时，左掌翻转，掌心向前，掌棱贴腰；右掌向右伸臂，约与肩平，掌心向上。（图3–5）

图3–5

6. 左掌向前穿出，高与肩平；同时，右掌收于左胸前。（图3–6）

7. 两掌向左右分开，屈肘，肘尖下垂，两掌心向上，略高于肩。（图3–7）

图3–6

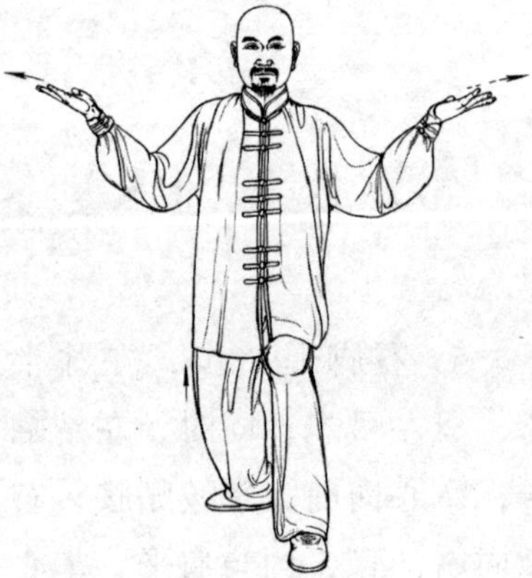

图3–7

8. 右腿蹬伸，重心略前移，两腿直立；同时，两掌旋转，掌心向下，伸臂向左右插出，高与肩平。（图3-8）

9. 右脚上步于左脚跟后，脚尖外摆，成丁字步；同时，两掌下收按掌，提肘，指尖斜向内。头左转，目视左下方。（图3-9）

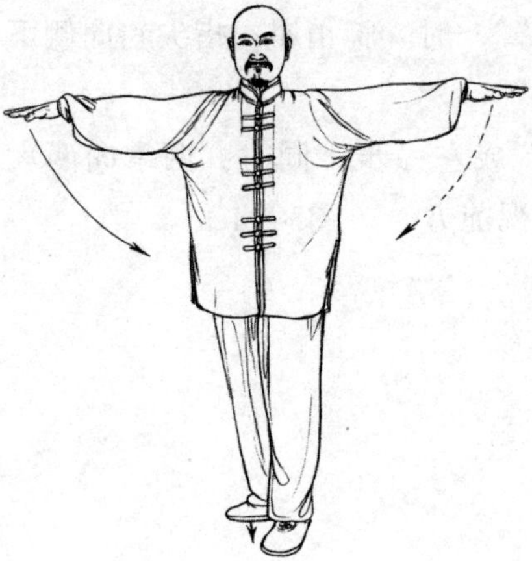

图3-8

图3-9

二、仙鹤探路

【练法】

1. 重心移于右腿，膝部略屈；左腿屈膝提起，膝部外展，脚尖下垂；同时，缩颈，张开两臂，肘、腕稍屈，指尖斜向侧下方。目视前下。（图3–10）

2. 左转体，左脚上前落步，成左弓步；同时，两掌向两大腿外侧伸臂坐腕，挺胸昂头。目视前方。（图3–11）

图3–10

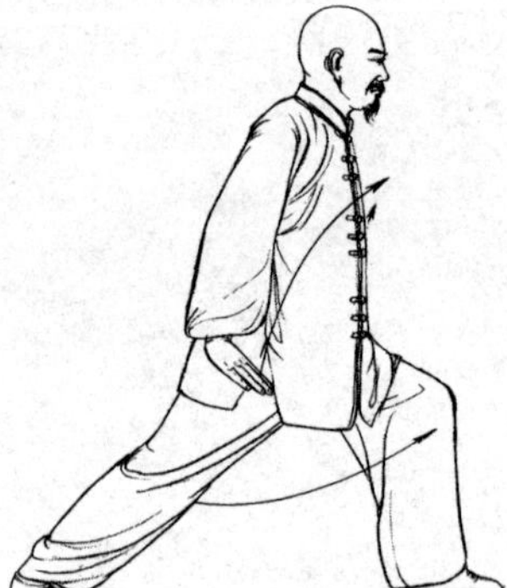

图3–11

3. 重心移于左腿；右腿屈膝提起，右膝略高于左膝，脚掌向后提起，脚尖斜向下；同时，右掌上提于右胸前侧，屈肘勾腕，掌心向下；左掌置于右大臂内侧，屈腕，指尖向下。目视前下方。（图3–12）

4. 右腿向后伸出，上身前探；同时，右掌向前伸出，高与额平，掌心向下，指尖向前；左掌向后伸于胯侧，掌心向上。（图3–13）

图3–12

图3–13

三、仙鹤伸腿

【练法】

1. 承接上势，右脚向前弹出，约与左膝平，脚面绷平；同时，两掌向左右伸臂展开，约与腰平，掌心向下。目视右脚。（图3-14）

2. 右脚向身后收落，蹬地伸膝，成左弓步；同时，右掌向前插出，高与肩平；左掌收至腰侧。目视右掌。（图3-15）

图3-14

图3-15

3. 右掌收回右腰侧，掌心向上；同时，右脚向前弹出，约与左膝平；左掌向前伸出，高与肩平，掌心向下。（图3-16）

4. 右脚向左脚前落步，左脚向前弹出，约与右膝平；同时，左掌收回左腰侧，右掌向前平肩伸出。（图3-17）

图3-16

图3-17

四、灵鹤降凡

【练法】

1. 承接上势，左脚向前落步；右脚向前上踢出，高过头顶（初练者可自行降低踢腿高度）；右掌前伸迎击右脚。（图3-18）

2. 右脚向左落步，上体左旋；左腿后撩，屈膝，脚底向上；同时，两掌左右伸展，左高右低，虎口向下。头右转，目视左脚。（图3-19）

图3-18

图3-19

五、白鹤寻食

【练法】

上体左转，左脚落步，两腿略屈蹲，右脚尖点地，成右丁步；同时，两掌左右张抬，肘、腕稍屈，指尖斜向下，耸肩缩颈。目光顺着右手前视。（图3–20）

图3–20

六、灵鹤沐浴

【练法】

1. 承接上势，右脚跟落地，脚尖内扣；左脚尖外摆上翘，左转体成左虚步；同时，左掌向左下搂于左腰后侧；右掌搂向右斜上侧，上体向左前倾。扭头向右，目视右方。（图3-21）

2. 右脚跟外转，两腿随左转身下沉，成歇步；同时，上体向左前俯，两掌后展，掌心向上，指尖向后。头左转，先俯视，继转视左斜下方。（图3-22）

图3-21

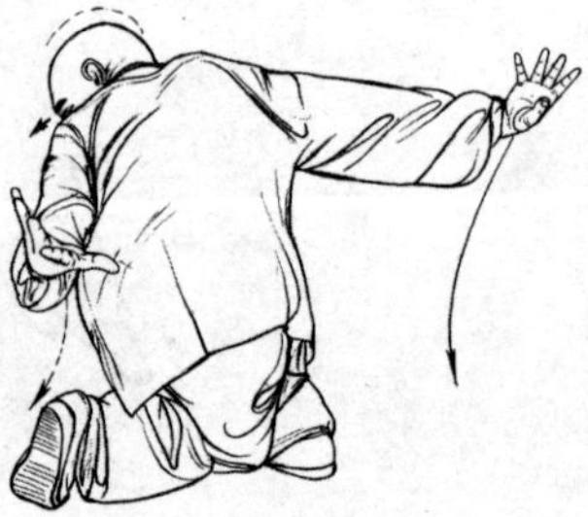

图3-22

3. 两掌下转垂于体两侧，指尖向下，掌心向外；两肩上提，缩颈、转头。注视左斜后方。（图3–23）

4. 头部右转，仰面注视右斜上方。（图3–24）

图3–23

图3–24

七、一鹤冲天

【练法】

1. 承接上势，身体上起，重心落于左腿；右腿随即向前上方踢出，高过头顶，脚面绷直；两掌向前上伸迎拍右脚。（图3–25）

2. 右脚向前落步，重心前移，成右弓步；同时，两掌向前插出，右掌高与额平；左掌高与胸平，屈肘折腕。目视前方。（图3–26）

图3–25

图3–26

八、灵鹤踏卦

【练法】

1. 承接上势，重心移于左腿，右膝向前上提起，右脚尖向下；同时，右掌伸臂下摆于右胯后侧，掌心向后；左掌屈臂置于头部左侧，掌心向前。目视右下。（图3–27）

图3–27

2. 右脚向前落步，脚尖内扣；同时，两臂张开，右高左低。（图3-28）

图3-28

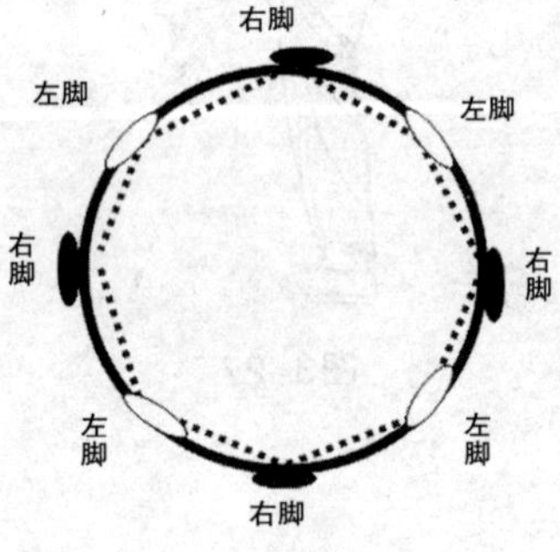

图3-28附图

3. 然后，沿逆时针方向，两脚交替扣步行走8步，形成一个圆圈。（图3-29）

4. 走完8步的最后一步时，右腿上踢外摆；同时，两掌依次拍击右脚面。（图3-30）

图3-29

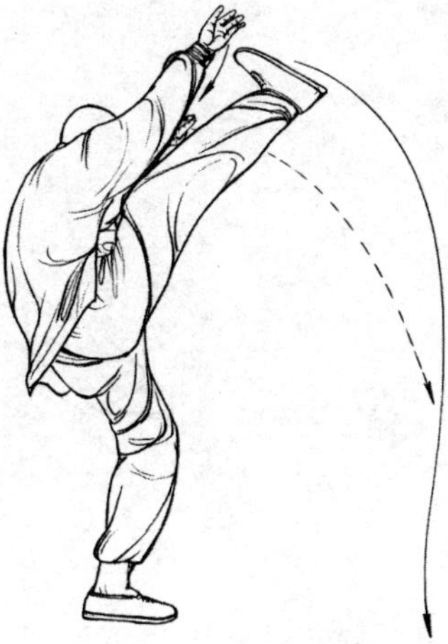

图3-30

九、仙鹤迎风

【练法】

承接上势，右脚向前落步，重心前移，成右弓步；同时，右掌托举于头顶前上方；左掌向前下伸按于右膝内侧。目视前方。（图3–31）

图3–31

十、独鹤夺食

【练法】

1. 重心移于右腿伸膝而立，左腿屈膝提起成右独立步；同时，右掌顺时针划弧一圈向右前上方穿掌，高略过顶；左掌顺时针划弧至右胸前停住，掌心向下。目视右掌。（图3–32）

2. 右掌屈肘、屈腕，掌心向下，置于头部右前方。（图3–33）

图3–32

图3–33

十一、雁落鹤起

【练法】

1. 左脚向左落步，擦地伸腿；右腿屈膝全蹲，成左仆步；同时，上体左转俯身，右掌斜伸于右后侧，掌心向上，指尖向后；左臂屈肘下沉于左大腿内侧，指尖向上。目视左脚。（图3–34）

图3–34

2. 右腿蹬伸，重心缓缓向左前移成左弓步；同时，左掌向左前上穿出，高与肩平，掌心向上；右掌收腰。目视左掌。（图3-35）

3. 右脚前趋，左脚进步，仍成左弓步；同时，左掌旋腕前插，约与肩平，掌心向下；右掌不变。（图3-36）

图3-35

图3-36

十二、饥鹤夺食

【练法】

1. 承接上势，右脚上步，脚尖虚点地面；左腿屈膝半蹲，成右虚步；同时，右掌由后前插，约与眼平，肘腕屈曲；左掌由前向上、向后抡转伸臂，稍低于头部，掌心向下。目视右掌。（图3-37）

图3-37

2. 右脚前移半步，左腿蹬伸，成右弓步；同时，右掌收抱腰间；左掌向前插出，高与肩平。目视左掌。（图3–38）

3. 重心左移，屈膝半蹲，成右半马步；同时，左掌变拳收抱腰间；右掌向前插出，肘腕屈曲，约与眉平。目视右掌。（图3–39）

图3–38

图3–39

4. 左脚上进一步，脚尖虚点地面，重心落于右腿，屈膝半蹲，成左虚步；同时，右掌向右划弧伸臂，约与肩平，掌心向下；左拳变掌向前插出，肘腕屈曲，约与眉平，掌心向下。目视左掌。（图3-40）

5. 左脚前进，脚跟落地，右转身，成左半马步；同时，左臂屈肘屈腕再插掌，约与顶平；右掌收抱腰际。目视左掌。（图3-41）

图3-40

图3-41

十三、白鹤盘窝

【练法】

1. 承接上势，重心右移，成右弓步，上身向右前倾；同时，右掌向前下插，指尖向下与右脚踝平，掌背向前；左掌收于腰间。目视右掌。（图3–42）

2. 上体左转，两腿屈膝，扭转下沉成歇步，上体向前倾俯；同时，左掌向左后划弧，斜伸于左下方，指尖向下；右掌随转体向前划弧，环臂于头部右前方，指尖向下，掌背向前。（图3–43）

图3–42

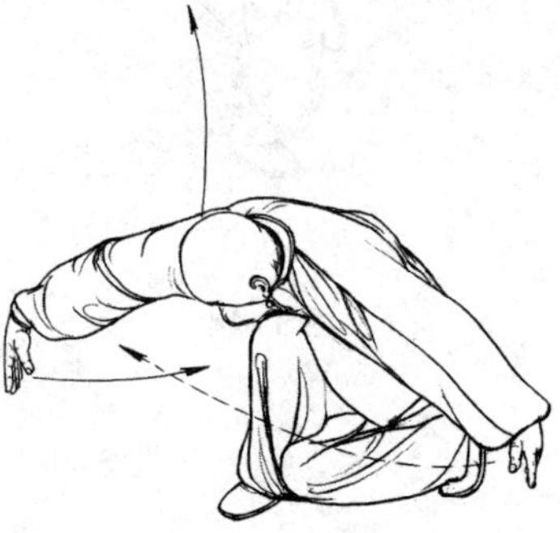

图3–43

十四、仙鹤戏蝉

【练法】

1. 承接上势，徐徐起身，重心移于右腿；左腿向后提起，左脚置于右膝弯后侧；同时，缩身微右倾；两掌交叉于右大腿前外侧，左上右下，掌心均向上。（图3-44）

2. 左脚向前落步，右脚提起；同时，左掌上收于右肩前。（图3-45）

图3-44

图3-45

3．右脚向右跨落，屈膝半蹲成马步；同时，左掌变拳收抱腰间；右掌向右侧甩伸，掌心向下，高与肩平。目视右掌。（图3–46）

4．重心左移，右腿提起，上体略右倾；同时，右掌收于腹前右侧，掌心向上；左拳变掌，举臂架于头顶。目视右下方。（图3–47）

图3–46

图3–47

5. 右脚稍内收；同时，左掌向右按于右肩外侧；右掌上收于左腋下蓄势。（图3–48）

6. 右脚向右落步，屈膝半蹲，成右半马步；同时，右掌向右前伸出，掌心向下，高与肩平；左掌收抱腰间。目视右掌。（图3–49）

图3–48

图3–49

十五、白鹤回顾

【练法】

1. 承接上势，左脚插步，成交叉步，上体略右倾；同时，右掌翻转下落，掌心向上，高与腰平。（图3-50）

2. 右掌向左收置于腹前，指尖向左，掌心向上；左掌向右推按，置于右肩前侧方，指尖向右，掌心向下。目视右侧后方。（图3-51）

图3-50

图3-51

3. 身体重心下沉，屈膝下坐成歇步；同时，左掌横臂平置于左颌侧；右掌反臂向右后下穿，掌心向上，约置于左脚跟里侧。目视右掌。（图3-52）

图3-52

4. 起身左转，左脚上进一步，成左虚步；同时，右掌向前穿伸，掌心向上，高与肩平。（图3-53）

5. 左转体，成扭步；同时，左掌随转身向左下反划，置于左胯后侧，掌心向后，指尖向下；右掌内旋，屈臂提肘，置于右肩前，掌心向下。目视左掌。（图3-54）

图3-53

图3-54

十六、仙鹤逐浪

【练法】

1. 上体右转；同时，右掌下按于右胯侧，掌心向下，指尖向前；左掌按于左胯侧。目视前下方。（图3–55）

2. 左脚高提前落，右脚屈膝提起；同时，两掌上收于两腰侧。（图3–56）

图3–55

图3–56

3. 右脚向前跨一大步，似劈叉状；同时，两掌向前插伸，屈肘腕，右掌高与眉平，左掌置于右肘下侧。（图3–57）

图3–57

4. 重心前移至右脚，收左脚，成右半马步；同时，右掌屈肘，竖臂内收，置于右额前上方；左掌稍提。目视前方。（图3–58）

5. 两掌向上划弧，过头顶、沿脑后、绕耳至肩上。随即，左腿蹬劲成右弓步；同时，两掌前插伸臂，高与肩平，两掌拇指相贴。目视双掌。（图3–59）

图3–58

图3–59

十七、青鹤排浪

【练法】

1. 承接上势，左腿屈膝，左脚提起，脚尖向下，脚底向后，悬提于右小腿后侧；同时，上体前倾，两肘下沉略收，左掌在前，略屈肘托掌，高与胸平，掌心向上；右掌心向下，置于左大臂内侧。目视左掌。（图3-60）

2. 左脚向前跨上一步，成左弓步；同时，两掌坐腕向前推出，腕高平肩，指尖向上，掌心向前。目视双掌。（图3-61）

图3-60

图3-61

十八、仙鹤踏青

【练法】

1. 承接上势，右腿屈膝提起，脚底向后，高与左膝弯平；同时，两掌向左右分展，臂成弧形，指尖向前，略低于肩。（图3-62）

图3-62

图3-62附图

2. 两掌向下、向后按于胯部两侧；同时，右脚向前弹出，高与左膝平。（图3–63）

3. 上身略前倾，右腿屈膝，右脚悬提于左小腿内侧；同时，两掌屈肘向前提于身前，左上右下，指尖向前。（图3–64）

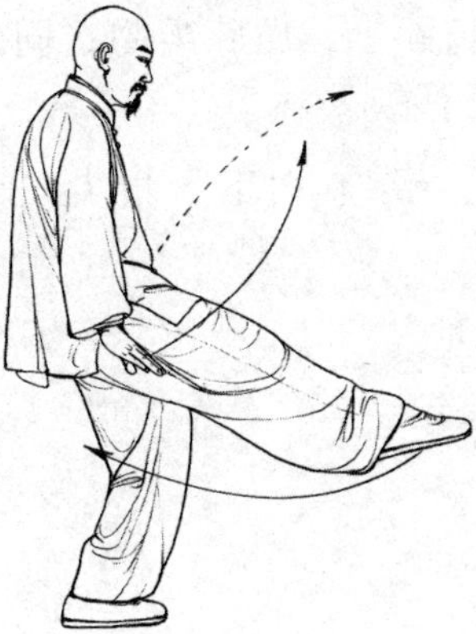

图3–63

图3–64

4. 右腿向前弹伸，高与腹平，右膝稍屈，脚面绷平；同时，右掌下落于右胯侧，掌心向上；左掌向前伸出，高与肩平。（图3–65）

图3–65

十九、仙鹤推波

【练法】

1. 承接上势，右脚落步，与左脚并步，屈膝半蹲；同时，两掌收抱腰间。目视前方。（图3–66）

2. 两掌向前上提，高约与嘴平，掌心向下，指尖向前。（图3–67）

图3–66

图3–67

3. 双掌屈肘内收至下颌前方。（图3-68）

4. 两掌揉动向前推出，至臂直，腕高平肩，指尖向上。（图3-69）

按上述动作，两掌反复揉推数遍。

图3-68

图3-69

二十、灵鹤踢灯

【练法】

1. 承接上势，右脚向前上半步，重心前移；同时，右掌向下伸臂于右胯后侧，指尖向下，掌背向后；左掌前伸，略与肋平，指尖斜向下。（图3–70）

图3–70

2. 左转身，两腿伸立；同时，左掌随转身向左划弧展臂，指尖斜向上，高度过顶；右掌摆臂斜伸于右侧方，高与肋平，指尖斜向下。（图3–71）

3. 右脚向前上踢出，两掌前伸迎拍右脚。（图3–72）

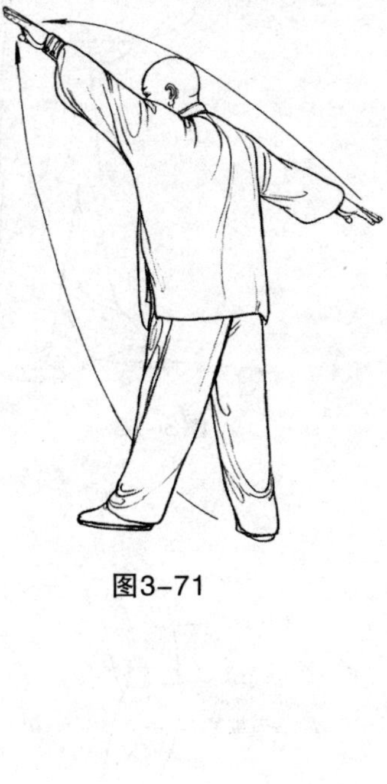

图3–71

图3–72

二十一、仙鹤拍翅

【练法】

1. 承接上势，右脚向前落步；左臂前伸与肩平，掌心向右；右掌拍打左臂曲池穴、尺泽穴。（图3–73）

图3–73

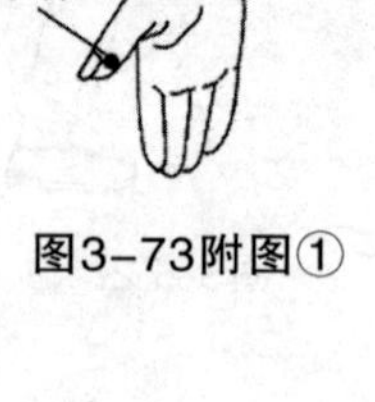

图3–73附图①

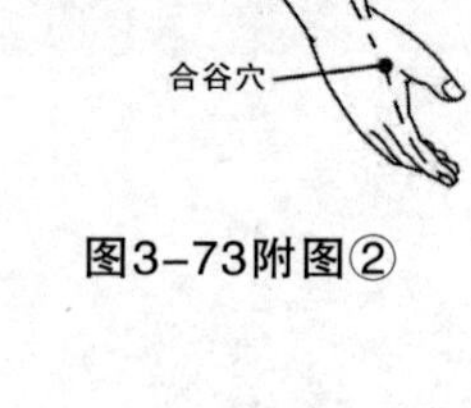

图3–73附图②

2. 上左步，伸右臂，左掌拍打右臂曲池穴、尺泽穴。（图3–74）

3. 上右步，右掌拍打左肾俞穴。（图3–75）

图3–74

图3–75

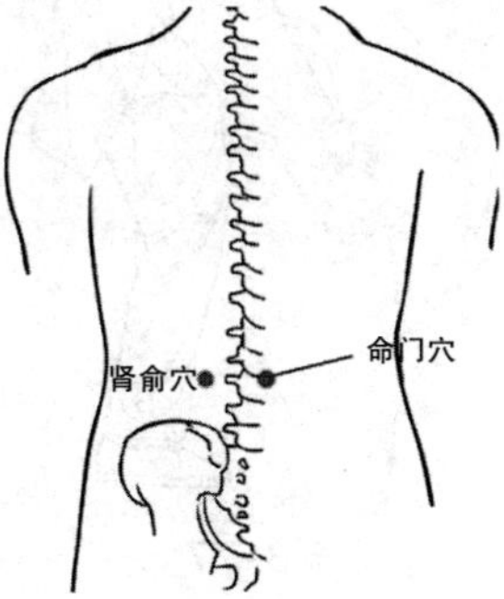

图3–75附图

4. 上左步，左掌拍打右肾俞穴。（图3-76）

5. 右腿提起，左掌拍击右小腿内侧三阴交穴。（图3-77）

图3-76

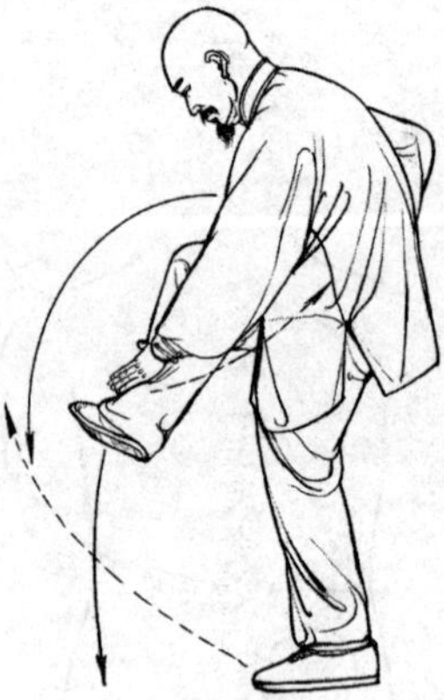

图3-77

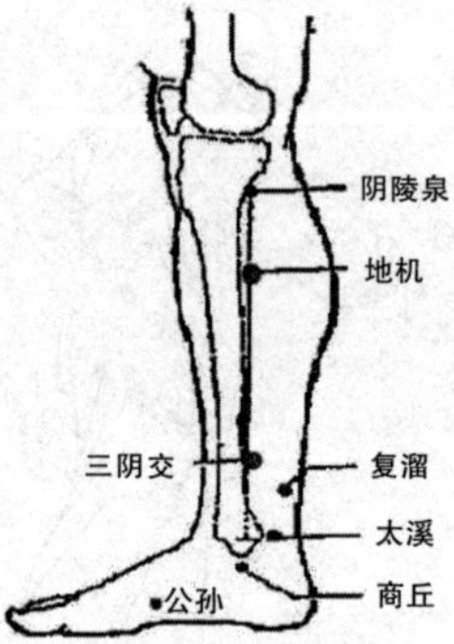

图3-77附图

6. 右脚落步，提起左腿，右掌拍打左小腿内侧三阴交穴。（图3–78）

7. 左脚落步，俯身，用右掌拍打左小腿足三里穴。（图3–79）

图3–78

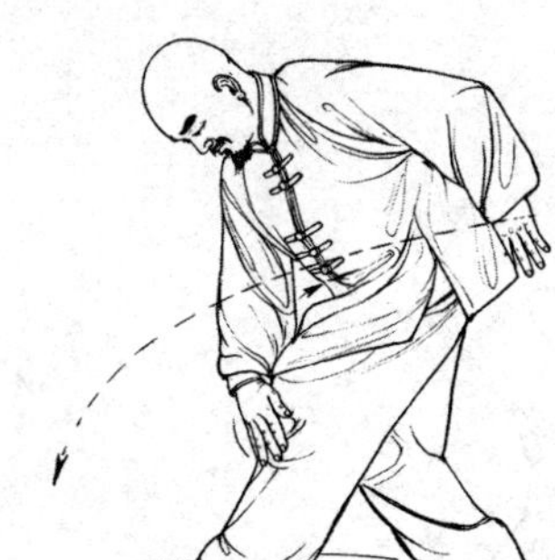

图3–79

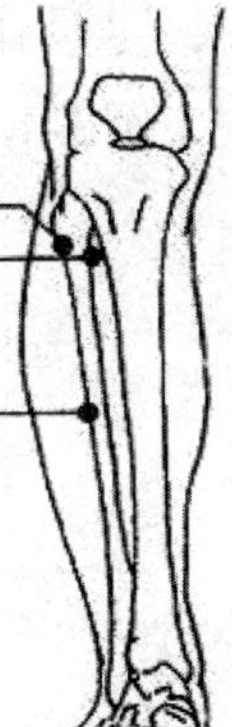

图3–79附图

8. 右脚进步，俯身，用左掌拍打右小腿足三里穴。（图3–80）

图3–80

二十二、寒鹤立江

【练法】

承接上势，拍打完毕，左脚向前上步伸膝，右腿屈膝半蹲，俯身低头，尽量让头面接近左膝；同时，两掌抱护后脑，向前下压助力。（图3–81）

图3–81

二十三、雄鹤追春

【练法】

1. 承接上势，左脚悬离地面，右腿独立屈膝；同时，两掌向前伸出，高与肩平，掌心向下。（图3–82）

2. 左脚向前踏地，右脚向前踢伸，脚面绷平；右掌拍向右脚面。（图3–83）

图3–82

图3–83

3. 左腿伸膝直立，右脚后收屈膝；同时，右掌前伸平肩；左掌屈肘横臂于头额前上侧，虎口向下。（图3-84）

4. 右脚向前落步，左腿蹬伸，成右弓步；同时，右掌向下、向后经右侧向前划弧一周前拍，高与肩平，掌心向下；左掌下收腰间。目视右掌。（图3-85）

图3-84

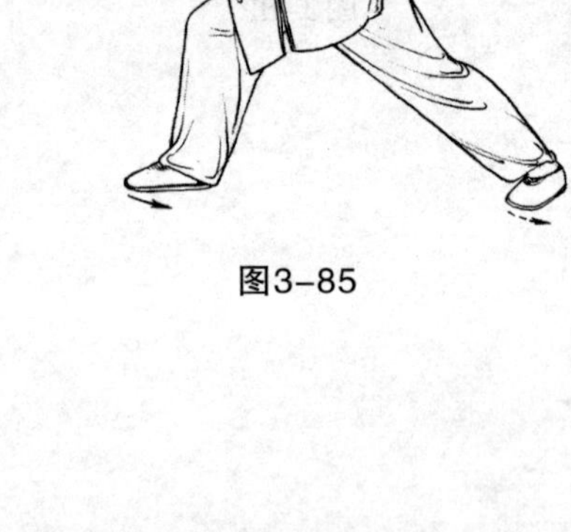

图3-85

二十四、收势

【练法】

1. 承接上势，左转体，身向正前方，两腿屈膝半蹲成马步；同时，两掌左右平肩展伸，掌心向下，指尖向外。随即抖动身体（如鹤抖翅），放松全身。（图3–86）

2. 立身而起，两掌下垂体侧。然后，守丹田，调呼吸，约站1分钟。（图3–87）

图3–86

图3–87

3. 两掌上提胸前交叉，成十字手，右外左内。（图3–88）

4. 两肘向左右拉开平肩，指尖相对，掌心向下。（图3–89）

图3–88

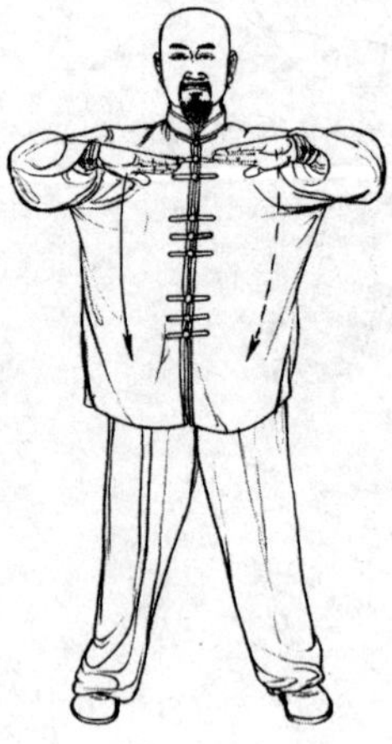

图3–89

5. 两掌下落至丹田前，成抱掌状，掌心向上。（图3–90）

6. 左脚收于右脚内侧，并步直立；两掌垂放体侧。调匀呼吸，本功收势。（图3–91）

图3–90

图3–91

第四章

龙虎吐纳养生功

龙虎吐纳功，以息引动，以动养息，动息相合，浑然一体。其运势与行功，借鉴龙形之变与虎形之威。其练法独特，动作美观，有力多变。其息法多样，或定势呼吸，或一息一动，或一息多动，或一动多息。

练之可柔和形体，灵利筋骨；通经活络，活通血脉；强身壮体，益气增力；修神明性，振奋精神；消除疲劳，防病保健。

一、起势

【练法】

1. 两脚并步，正身直立；两掌垂放体侧；闭唇合齿，以鼻缓缓呼吸。意守丹田（小腹），深吸长呼（吐纳）约1分钟，收摄心神，调气蓄劲，准备行功。（图4–1）

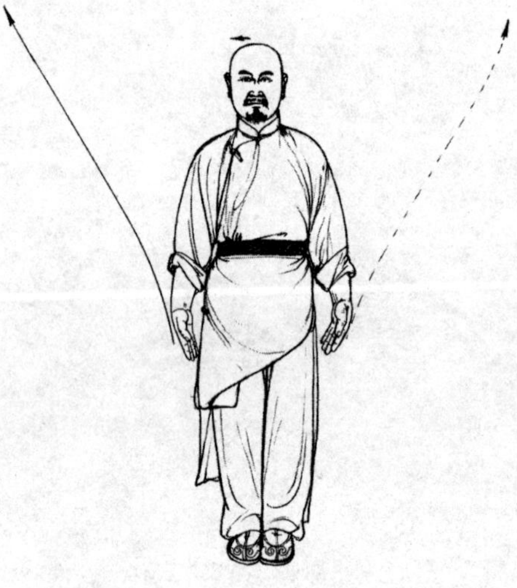

图4–1

2. 以鼻缓缓深吸（纳）；上体缓缓右转约45°，两掌从体侧缓缓上抬，伸臂举过头顶，指尖斜向左、右上方，掌心向上；目视右侧。吸气不停，动作不停；两掌过头顶后，上体缓缓转向正前方，两掌向内合拢，指尖相对，掌心向下，下按胸前。（图4-2、图4-3）

图4-2

图4-3

3. 以鼻缓缓长呼（吐）；同时，左脚向左开步，两脚间距约与肩同宽；两掌下按至丹田前，转掌成掌心向里，指尖相对。（图4-4）

图4-4

注：

提示一下，龙虎吐纳功也可采用“吐纳随动法”，即以动作“缓慢柔和”、吐纳“深吸长呼”为基本原则，该吸就吸，该呼就呼，随动自然。

4. 以鼻深吸；两掌随之上抬，至与肩平时抱球，两臂成半弧状。（图4-5）

5. 以鼻长呼；两掌压至小腹前，仍如抱球状。（图4-6）

图4-5

图4-6

6. 以鼻深吸；两掌向前上抬，至与肩平，仍如抱球状。吸满即呼，保持姿势不动，呼吸十数次（次数自定）。（图4-7）

图4-7

图4-7附图

二、龙虎舒爪

【练法】

1. 承接上势，当呼尽后，开始吸气（以鼻深吸）；随即，两臂向里弯曲，两掌翻转坐腕，高约与耳平，掌心向上，指尖向后，至气吸满，连接下动。（图4-8）

图4-8

2. 以鼻长呼；两掌向右伸出，右臂长，右掌平肩前探，充分伸肩舒臂；左臂短，左掌收缩在右肩前；目视右掌。定势后把气深吸至满，连接下动。（图4-9）

图4-9

3. 以鼻长呼；两掌向左伸出，左臂长，右臂短；目视左掌。练法与呼吸同本势第2动，唯方向相反。如此右、左连续练习数次，再接下势。

三、左顾右盼

【练法】

1. 接上势，两掌向右伸后，以鼻长呼，随即，身体左转，成左虚步；两掌随转体相抱于左前方，右掌心抱贴左掌背，虎口向上，左掌心对胸，两臂成半弧形。（图4-10）

图4-10

2. 以鼻深吸；上体向右转约90°，面向正前方；两膝内扣，沉身成扣步；随转身，两掌松开，分立于两肩外上侧，约与耳平，指尖斜向后，掌心斜向上。（图4-11）

3. 以鼻长呼；身体右转，成右虚步；两掌向右前方抱掌，左掌心抱住右掌背，虎口向上，右掌心对胸，两臂成半弧形。（图4-12）

如此左、右转身，连续练习，次数自定。

图4-11

图4-12

四、金丝缠手

【练法】

1. 接上势，以鼻深吸；重心前移右腿，成右弓步；两掌向里翻转，掌心向下，略低于胸。（图4-13）

2. 以鼻长呼；左转体，重心移于左腿，成左弓步，上体略前倾；两掌相交随转身互缠至左前方，高与腹平，右掌在上，掌心向左；左掌在下，掌心向前下。目视双掌。（图4-14）

图4-13

图4-14

3. 以鼻深吸；右转体，下盘成右半马步，上体右前倾；两掌互缠至右侧方，掌背相贴，掌心向外。（图4-15）

图4-15

4. 以鼻长呼；左转体，两腿成横裆步，重心移于右腿；两掌左右分开，约与肩平，掌心向外，虎口向下。目视左前方。（图4-16）

图4-16

五、龙爪虎掌

【练法】

1. 接上势，以鼻深吸；左脚稍内收，两腿成马步，面向右前方；左掌旋腕扣指成爪，虎口向上，拉回左肋侧；右掌变爪向前推出（锉劲），爪心斜向左上方。（图4–17）

2. 定势后呼气；接着吸气，出左爪，收右爪。左、右爪连续练习，图文从略。

图4–17

六、青龙揉身

【练法】

1. 接上势图4–17，以鼻长呼；右转体，重心移于左腿，成右半马步；两爪变掌向左右展臂分开，约与肩平，掌心向外，指尖斜向前上方。目视右前方。（图4–18）

2. 以鼻深吸；体稍右转，两腿屈膝半蹲成马步；两掌右划，右指尖向后，虎口向里，约与腰平；左掌屈肘横于右肩前，指尖向上，掌心向右。目视右方。（图4–19）

图4–18

图4–19

3. 以鼻长呼；两掌同时运动，左掌向左划弧至身后，掌背贴于腰后，虎口向上；右掌划弧至正前方时，转成掌心向上，高与肩平。目视右掌。（图4–20）

图4–20

图4–20附图

4. 以鼻深吸；上体继续左转，成左弓步；右掌随左转身向左前方划弧，高与肩平；左掌不动。（图4–21）

图4–21

5. 以鼻长呼；右掌自左向下、向右、向后上方划弧，上体亦随之右转俯身，胸部贴近于右膝（此时下盘成右弓步），右掌尽量向右后上伸，指尖斜向后上方，掌心向左。长呼不停；右掌继续划弧，经体前逆时针划360°，下盘变左弓步（横裆步），上体向左后仰，右掌伸举于右侧上方，掌心向上。目视右掌。（图4–22、图4–23）

图4–22

图4–23

6. 以鼻深吸；右掌逆时针划弧，至左前方伸臂平肩，掌心向上，指尖向前；左掌不动。目视右掌。（图4–24）

图4–24

7. 以鼻长呼；体右转，右掌向右下划弧至右膝前外侧方，略低于右膝，掌心向上；两腿下屈成右低半马步，上体右前俯。目视右掌。（图4–25）

图4–25

8. 以鼻深吸；左转身，重心左移成左弓步，上体略向左倾；右掌向右后搂手，右掌背贴住后腰；左掌贴腰旋转向左前平肩穿出至臂直，掌心向上，指尖向前。目视左掌。（图4–26、图4–27）

图4–26

图4–27

9. 接着，练习左手划弧揉身，练法与呼吸同上。（图4-28～图4-32）

图4-28

图4-29

图4-30

图4-31

图4-32

此势练法多变，尤其是呼吸不易掌握，读者一定要练熟，以深吸长呼为指导原则，并仔细揣摩，方能息动合顺。

七、上捧下按

【练法】

1. 承接上势，以鼻深吸；体略右转，面向正前方，臀部下沉，两腿成低势正马步；两掌心贴住两大腿后侧，下摩至两踝外侧。目视前方。（图4–33）

2. 以鼻长呼；两掌左右分开上展，两臂斜向伸开，指尖向上，掌心向里；左脚稍向右收，两腿伸膝立起。目视前上方。（图4–34）

图4–33

图4–34

3. 以鼻深吸；左脚稍向左开，两腿屈膝下蹲，臀部下沉成低马步；两掌内合，经两肩前向下弧形下按，至大腿前外分，沿腿侧下摩至两脚踝外侧，指尖向下，掌心向外。（图4-35）

4. 以鼻长呼；左脚稍收，伸膝立身；两掌旋转，自体侧向上划弧，举臂屈腕，过顶对肩，掌心向下，指尖相对。（图4-36）

图4-35

图4-36

5. 以鼻深吸；左脚稍开，重心下沉，屈膝下蹲成低马步；两掌划弧下按，向两侧分开，臂成半弧形，指尖向下（高与膝平），掌心向外。目视前方。（图4–37）

6. 以鼻长呼；左脚稍收，伸膝立身；两掌转腕，掌心向内，收至丹田前，指尖相对，掌心向上。（图4–38）

图4–37

图4–38

7. 以鼻深吸；两掌内转，捧起上抬，至面前时转成掌心向里，继续上行过顶翻转，两肘外分，掌心向上，指尖相对成托掌。（图4-39、图4-40）

图4-39

图4-40

八、天环地转

【练法】

1. 承接上势，以鼻长呼；右脚稍开，上体右转成右弓步；两掌向右侧划弧下落，右臂在前伸直，右掌指尖向左，约与眼平；左臂屈肘，左掌置于右肩前；目视右掌。定势后深吸至满。（图4-41）

图4-41

2. 以鼻长呼；上体左转成左弓步；两掌向下、向上、向左划弧，左臂在前伸直，左掌指尖向右，约与眼平；右臂屈肘，右掌置于左肩前；目视左掌。定势后深吸至满。（图4-42）

图4-42

3. 以鼻长呼；重心下沉，两腿屈膝半蹲成左半马步；两掌随沉身屈肘坠劲变爪，爪心向左前方。目视左爪。（图4-43）

图4-43

4. 以鼻深吸；身体右转，两膝立起；两爪变掌向下、向右侧上方划弧，左掌置于右肩前，掌心向下；右掌伸臂于前上方，掌心向上，约与顶平。目视右掌。（图4-44）

5. 以鼻长呼；重心下沉，两腿屈膝下蹲成右半马步；两掌变爪，向上、向左、向下、向右上划弧，屈臂沉肘，爪心向前，右爪高与额平，左掌置于右腋前。目视右爪。（图4-45）

图4-44

图4-45

九、单虎甩手

【练法】

1. 承接上势，以鼻深吸；伸膝立身，右爪变掌屈腕收于右肋侧，掌心向下；左爪变掌屈腕收于左肩前，肘尖上抬，左掌心对肩，指尖斜向下。（图4-46）

图4-46

2. 以鼻长呼；体左转，面向正前方；右掌下按，右臂伸直，掌心向下，指尖向前；左掌下落，抱于丹田。目视前方。（图4–47）

3. 以鼻深吸；右掌向前、向上、向后、向下划弧一周半，继举臂伸掌于头顶右上方，指尖向上，掌心向左；左掌不动。（图4–48）

图4–47

图4–48

4. 以鼻长呼；右掌向后、向下、向前、向上划弧，伸臂举于头顶，继屈臂向左屈收于左肩后侧，指尖向下。（图4-49）

5. 以鼻深吸；右掌从头后向右收回，由右肩下落至丹田前，左掌心抱右掌背。吸满即呼，保持姿势不动，呼吸十数次（次数自定）。（图4-50）

图4-49

图4-50

6. 右掌按于丹田不动；左掌收至左胯侧，练习右甩手。（图4-51 ~ 图4-54）

图4-51

图4-52

图4-53

图4-54

十、青龙抛球

【练法】

1. 承接上势，以鼻深吸；左脚稍开，两腿屈膝下蹲成马步；两掌分开，沿两大腿前伸至两脚内侧，指尖可触地，掌心向前。目视地面。（图4-55）

2. 以鼻长呼；两掌如执重物，起身向后举抛，上体后仰，掌心向后。此动也可使用快速呼气法。（图4-56）

图4-55

图4-56

3. 以鼻深吸；两腿屈蹲成马步；两掌向前、向下、向后反举，指尖向上，掌心向前；上体前俯，头向前下。（图4–57）

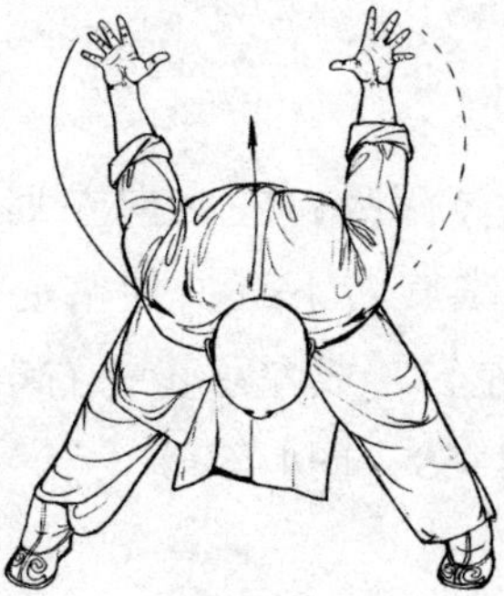

图4–57

4. 以鼻长呼；臀部下坐，上身立起；两掌回收，至两肩前时伸臂前推，腕与肩平，指尖向上，掌心向前。（图4–58）

图4–58

十一、龙揉八卦

【练法】

1. 承接上势，以鼻深吸；左掌向左划弧至身后，掌背贴于腰后，虎口向上；右掌旋转下沉，使掌心向上，高与胸平。深吸不停；随即，上体左转，成左弓步；右掌向左前划弧，高与肩平。目视右掌。（图4–59、图4–60）

图4–59

图4–60

2. 以鼻长呼；右掌向下、向右、向后上方划弧，尽量向右后上伸，指尖斜向后上，掌心向左；上体随之右转俯身，胸部贴近右膝（此时下盘成右弓步）。（图4-61）

图4-61

3. 以鼻深吸；右掌划弧，经体前逆时针划360°；下盘变左弓步（横裆步），上体向左后仰，右掌直臂伸举于顶上，指尖向上。深吸不停；重心下沉，上体右转；右掌顺势下收，屈肘于右肩前，掌心向上，指尖向后。目视右斜前方。（图4-62、图4-63）

图4-62

图4-63

4. 以鼻长呼；体右转，右腿屈膝成右半马步；右掌向左、向下、向右划弧至右膝前外侧方，略低于右膝，掌心向上；上体右前俯。目视右掌。（图4-64）

图4-64

5. 以鼻深吸；左转身，重心左移，成左弓步，上体略向左倾；右掌向右搂手，继以掌背贴腰；左掌贴腰旋转向左前上方直臂穿出，高与肩平，掌心向上，指尖向前。目视左掌。（图4-65、图4-66）

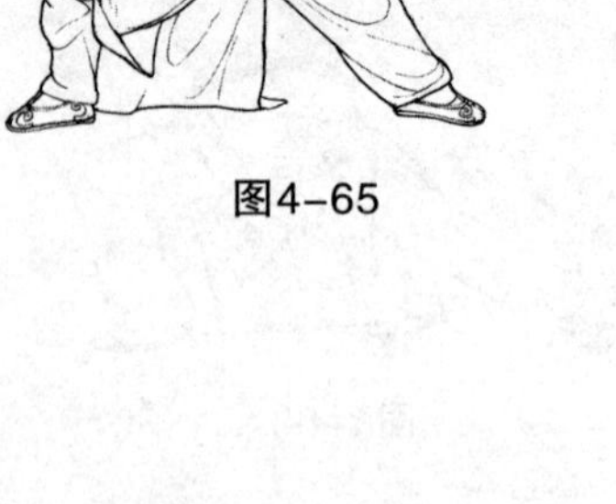

图4-65

图4-66

6. 接着，练习左掌划弧揉身。（图4–67 ~ 图4–71）

左、右连续反复练习。

图4–67

图4–68

图4–69

图4–70

图4-71

十二、拨云见日

【练法】

承接上势，以鼻深吸；左脚向右脚内侧收步，脚尖点地，成左丁步；体向右转，两掌左右穿出，高与肩平，虎口向上。目视右掌。（图4-72）

图4-72

十三、乌龙绞柱

【练法】

1. 承接上势，以鼻长呼；体左转，左脚上前一步，两腿屈膝半蹲，成左半马步；两臂屈肘往下一坠，左掌变爪，立于左前，高与眉平，爪心向左；右掌变爪划弧，置于左肋前，爪心向左。目视左爪。（图4–73）

2. 以鼻深吸；左脚稍收，伸膝立身，上体右转，左脚提跟，脚尖点地；两爪变掌，左掌向左后下插，约与胯平；右掌护于左胸前，指尖向左。（图4–74）

图4–73

图4–74

3. 以鼻长呼；左掌向后上方翻转，掌心向上，高与胸平；右掌向左插出，高与左肩平，掌心向下。（图4–75）

4. 以鼻深吸；上体右转，左掌向左上扎出；身向左后倾斜，面向右上方，右腿与左臂成一条斜直线；右掌护于左腋前。定势后把气呼净。（图4–76）

图4–75

图4–76

5. 以鼻深吸；左掌向右下按至右腋前；右掌从左掌里侧向右上方斜行扎出，体左转，身向右倾斜，左腿与右臂成一条斜直线。（图4-77）

图4-77

6. 以鼻长呼；右脚稍开，左腿屈膝前弓，成左弓步，上体向左前俯；右掌向左下劈，高与踝平；左掌外挂于腰际。即劈挂势，定势后深吸至满。（图4-78）

7. 以鼻长呼；向右回身，成右弓步，左劈右挂。（图4-79）

图4-78

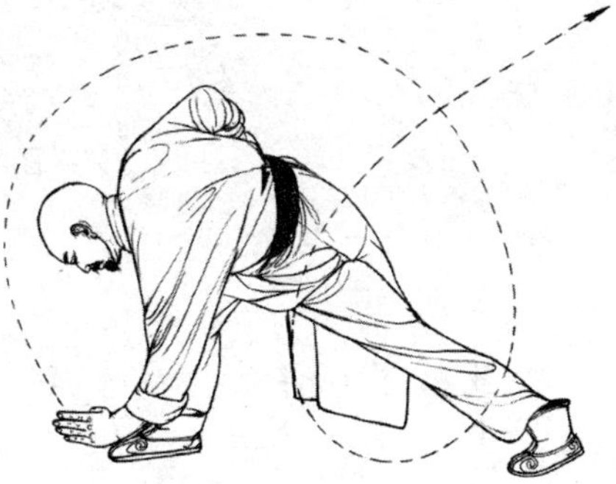

图4-79

十四、青龙抓天

【练法】

1. 承接上势，先以鼻深吸；身体转向左方，左掌由右向上、向左、向下划弧。动作不停，此时换以鼻呼气；左掌变爪，再向里、向上、向左划弧，向前斜上方伸抓，高与眉平，爪心向前；右掌后收，掌背贴于腰后。（图4-80）

图4-80

注：

此动不可停顿，先掌后爪，先吸后呼，连续划弧，一气呵成。

2. 左爪连续划立圆3次，即3次向前斜上方做抓天势。向下时深吸，向上时长呼，也要一气呵成。（图4-81）

图4-81

3. 左爪变掌收于腰后，用掌背贴住后腰部；以鼻深吸。稍停。以鼻长呼；右爪划立圆向左前斜上方抓出。（图4-82）

4. 右爪连续划3次立圆，即3次向左斜上方做抓天势。向下时深吸，向上时长呼。（图4-83）

图4-82

图4-83

十五、龙盘虎踞

【练法】

1. 承接上势，以鼻深吸；右爪变拳，下划、里收、向前上提，拳面向上，高与额平；左掌护于右肘内侧；右腿屈膝提起，成左独立步。目视右拳。（图4-84）

2. 以鼻长呼；右脚向前落步，右脚尖外摆，左腿屈膝沉跪，成歇步；右拳变掌下收右腰侧，掌心向下；左掌向前下按出，高与右踝平，掌心向下，指尖向前；目视左掌。定势后稍停，把气深吸至满。（图4-85）

图4-84

图4-85

十六、单虎推山

【练法】

承接上势，以鼻长呼；身体左转，两脚掌碾地，成马步；左掌拉至左胯旁，掌心向下；右掌向右前方推出，腕高平肩，掌心向右。目视右掌。（图4-86）

图4-86

十七、乌龙绞柱

【练法】

请参考第十三势。（图4-87 ~ 图4-92）

图4-87

图4-88

图4-89

图4-90

图4-91

图4-92

十八、青龙抓天

【练法】

请参考第十四势。（图4-93～图4-96）

图4-93

图4–94

图4–95

图4–96

十九、龙盘虎踞

【练法】

请参考第十五势。（图4-97、图4-98）

图4-97

图4-98

二十、单虎推山

【练法】

请参考第十六势。（图4–99）

图4–99

二十一、火龙舌掌

【练法】

1. 接上势，以鼻深吸；左脚内收，上体左转，成左虚步；左掌外旋，屈肘下沉，腕高平肩，掌心向上，指尖斜向前；右掌按于右腰侧。目视左掌。（图4-100）

2. 以鼻长呼；左掌向下拉于左腰侧，掌心向下；右掌向前穿出，腕高平肩，指尖斜向前。（图4-101）

两掌可一收一伸，交替穿掌数次，也可直接连接下势。

图4-100

图4-101

二十二、青龙揉球

【练法】

1. 承接上势，以鼻深吸；右掌在前翻转，掌心向下；左掌向后翻转，掌背贴于腰后。（图4-102）

2. 以鼻长呼；右掌向右、向外划弧至右胯后；左掌向左、向前划弧，高与腹平，两掌心均向下。（图4-103）

图4-102

图4-103

二十三、懒虎伸腰

【练法】

1. 以鼻深吸；重心右移，左腿屈膝提起，成右独立步；两掌收至腹前，继伸举于头顶前上方，指尖向前，掌心向下。（图4–104）

2. 以鼻长呼；左脚向前落步，成左虚步；右掌下按于右腰侧；左掌下按至左腰侧，继向前推出，肘略屈坠，腕高平肩，指尖向上，掌心向前。目视左掌。（图4–105）

图4–104

图4–105

二十四、火龙舌掌

【练法】

请参考第二十一势。（图4-106、图4-107）

图4-106

图4-107

二十五、青龙揉球

【练法】

请参考第二十二势。定势后把气深吸至满。（图4–108、图4–109）

图4–108

图4–109

二十六、二龙献珠

【练法】

1. 承接上势，以鼻长呼；左脚前移半步，屈膝成左弓步；左掌翻转向前穿出，高与肩平；右掌划圆收于左腋下，掌心向下。目视左掌。（图4–110）

2. 以鼻深吸；重心移于右腿，左脚内收，脚尖点地，两腿屈膝下蹲，成左丁步；右掌下收，按于右膝盖上；左掌下划，至左膝前时向前上托起，左肘贴靠左膝，掌心向上。（图4–111）

图4–110

图4–111

二十七、托天按地

【练法】

1. 承接上势，以鼻长呼；左脚上前半步，成左虚步；左掌前穿，高与肩平；右掌收于腰侧，掌心向下。目视左掌。（图4-112）

2. 以鼻深吸；体右转，两腿成右虚步；右掌翻转伸托，肘节稍屈，高与肩平；左掌内旋下按于左腰侧。目视右掌。（图4-113）

图4-112

图4-113

二十八、卸阳开阴

【练法】

1. 承接上势，以鼻长呼；左腿伸膝直立；右掌翻转，直臂向前插出，掌心向下，高与肩平；左掌上提，置于右肩前，掌心向下，指尖向右；目视右掌。定势后深吸至满。（图4-114）

图4-114

2. 以鼻长呼；左转身，左掌向左伸臂插出，高与肩平；右掌收于左肩前，掌心向下。目视左掌。（图4-115）

3. 以鼻深吸；头面转向正前方；左掌内收，与右掌一起以掌根上托两腮，指尖向外，掌心向上。目视前方。（图4-116）

图4-115

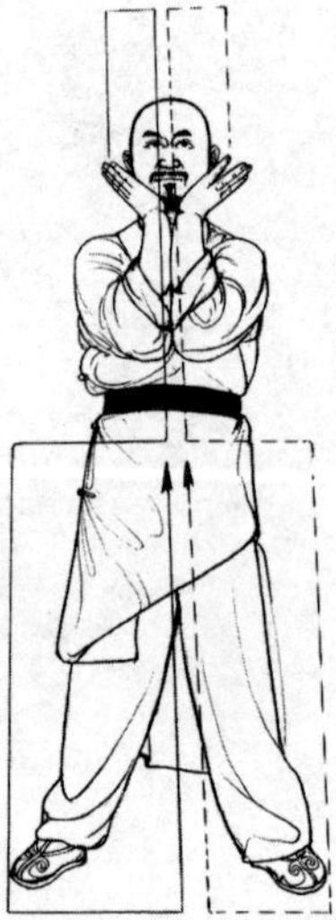

图4-116

二十九、托天观日

【练法】

1. 承接上势，以鼻长呼；两掌沿耳侧上托，至头顶上方。随即，深吸；两掌转掌使指尖相对、掌心向下，沿面前下按至丹田前。接着，长呼；两掌外转，移至两胯外，指尖向下，随上身前俯下插至两脚踝外侧。最后，深吸；起身；两掌内旋使掌背相贴，指尖向下，收提丹田前。定势后把气长呼至净。（图4-117）

2. 以鼻深吸；右脚向左绕进一步，左转身，屈膝半蹲成马步；两掌左右分开向上托举，屈肘竖臂，掌心向上，指尖向外，高与耳平。（图4-118）

图4-117

图4-118

三十、猛虎反掌

【练法】

马步不变；以鼻长呼；两掌翻转向下，弧形按于两膝外侧，提肘撑臂，指尖向前，掌心向下。（图4-119）

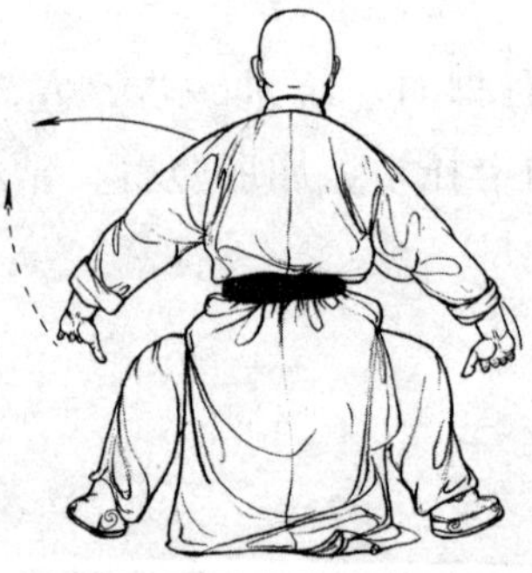

图4-119

三十一、揉球戏珠

【练法】

1. 承接上势，以鼻深吸；身向左转；左掌上提外翻，右掌向左划弧，掌心相对，犹如抱球，高约同肩。目视两掌。（图4–120）

图4–120

2. 以鼻长呼；两掌抱球向右翻转，左掌抱于左肩前，掌心向下；右掌抱于左腹侧，掌心向上。（图4-121）

图4-121

图4-121附图

3. 以鼻深吸；两掌顺时针揉球，右掌在上，左掌在下。（图4-122）

图4-122

图4-122附图

4. 以鼻长呼；两掌抱球左转身，重心左移，成左弓步。（图4-123）

5. 以鼻深吸；两掌抱球随体右转，运向右侧方，右掌在下，左掌在上。（图4-124）

图4-123

图4-124

6. 以鼻长呼；两掌抱球向左斜上揉转。（图4-125）

图4-125

7. 以鼻深吸；两掌抱球向右斜上揉转。（图4-126）

8. 以鼻长呼；两掌抱球翻转至左膝前。（图4-127）

9. 以鼻深吸；两掌抱球向上滚动至右斜前方。（图4-128）

10. 右脚向左前方上一步，屈膝下蹲成歇步；两掌揉球于左侧，左掌在下，右掌在上。（图4-129）

图4-126

图4-127

图4-128

图4-129

三十二、白龙过道

【练法】

1. 承接上势，以鼻深吸；左脚上前一步，重心右移，成右弓步；同时，两掌抱球向右揉出。（图4-130）

图4-130

2. 以鼻长呼；右腿屈膝下蹲，成左仆步；右掌下按于右胯后侧；左掌向左下俯，穿至左小腿上侧。（图4-131）

图4-131

3. 长呼不停；右脚向前上进一步，成右弓步；两掌向前上穿插抱掌，掌心相对，右掌略与鼻平，左掌高与腹平。（图4-132）

图4-132

4. 以鼻深吸；左脚内收，并步直立，上体略左转；两掌向左上划弧伸臂，掌心相对，指尖向上。目视右方。（图4-133）

图4-133

5. 以鼻长呼；右脚向前一步，左腿屈膝下蹲，成右仆步；两掌向左、向下划弧，左掌停于左大腿上侧，掌心向后；右掌前穿，停于右小腿内侧，掌心向上。目视前下。（图4-134）

图4-134

三十三、二龙戏珠

【练法】

请参考第二十五势。（图4-135、图4-136）

图4-135

图4-135附图

图4-136

三十四、猛虎按地

【练法】

承接上势，以鼻长呼；右脚上前一步，身体左转，两膝内扣；两掌落至体侧下按，高与大腿平，两肘尖外展，指尖向前。目视前下。（图4-137）

图4-137

三十五、青龙撑天

【练法】

扣步不变；以鼻深吸；两掌左右上抬，掌心向上，指尖相对，肘尖外张，向上托举。目视前方。（图4-138）

图4-138

三十六、龙虎合一

【练法】

扣步不变；以鼻长呼；两掌外划下落，右掌抱丹田，左掌抱右掌。（图4-139）

定势不动，深吸、长呼十数次。

图4-139

三十七、收功

【练法】

1. 伸膝并步，正身直立；两掌左右分开上举，伸臂举掌于头顶上方，掌心相对，指尖斜向上。目视右掌。（图4-140）

图4-140

2. 两掌搓脸（干洗脸）数十次。（图4-141）

3. 两掌垂放，放松全身，调匀呼吸，全功收势。（图4-142）

图4-141

图4-142

第五章

站势六字吐纳功

六字吐纳功，古谱称为“吐纳治脏六字功”，现在常称为“六字诀”，也是少林吐纳养生功的重要功法。

所谓“六字吐纳功”，主要特色就是注重以口吐气，且吐气时使用六种不同口型，通过呼气时念不同音，发出六种不同声音，以此产生不同功效，是一种比较独特的吐纳功。

本章介绍的是少林六字吐纳功的一种秘传站势练法，采取“嘘、呵、呼、呬、吹、嘻”六字。此功气法独特，长呼深吸，且结合导引，动作柔和，简便易行，效果明显。练之可调气顺气，养气补气，疏导诸脏，通畅经络，健康身心，祛病延年。

《少林内功秘诀·养生》载：“五脏六腑之气因五味熏灼不和，又六欲七情积久生疾，内伤脏腑，外攻九窍，以致百骸受病。故以六字气诀，治五脏六腑之病。以鼻纳气；口中吐气，当念六字，令气声逐字吐之。吸而自采天地之清气以补元，呼而自泻脏腑之毒气以除魔。用心恭敬习之，当日小验，旬日大验，祛病强身，真益寿长生之要术也。”

一、嘘字吐纳功

【口型】

“嘘”（xū）字音，为牙音。

发音吐气时，唇齿微开，嘴角后引，口唇微微用力拉“扁”，槽牙上下平对，中留缝隙，舌尖放平，舌体微微后缩，槽牙与舌边亦有空隙。

气从槽牙间、舌两边的空隙中呼出，发长音“嘘——”。（图5-1）

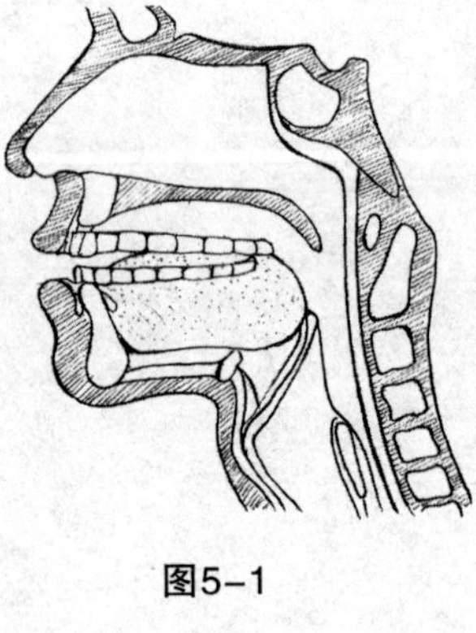

图5-1

【练法】

1. 两脚并步，正身直立，两掌垂放体侧，全身放松；闭唇合齿，以鼻自然呼吸。目视前方。（图5–2）

2. 左脚向左抬起；同时，用鼻缓缓吸气。（图5–3）

图5–2

图5–3

3. 左脚向左伸出一步，脚尖点地；吸气不停。（图5–4）

4. 重心左移，左脚掌落地踏实，两脚相距稍比肩宽，两膝微屈；吸气不停。（图5–5）

图5–4

图5–5

5. 两掌上收，抱于丹田前，右掌心按于左掌背上；吸气不停。（图5–6）

6. 两腿伸立，脚趾抓地；此时，吸气已满。（图5–7）

7. 口吐长音“嘘——”；同时，双膝微屈，脚趾放松，身体微微下沉。双目瞪起。（图5–8）

图5–6

图5–7

图5–8

二、呵字吐纳功

【口型】

“呵”（hē）音，为舌（上）音。

发声吐气时，唇齿微张，舌体微微后缩并上拱，舌体后部两边轻贴上臼齿。

气从舌上与上腭之间缓缓而出，发长音“呵——”。（图5-9）

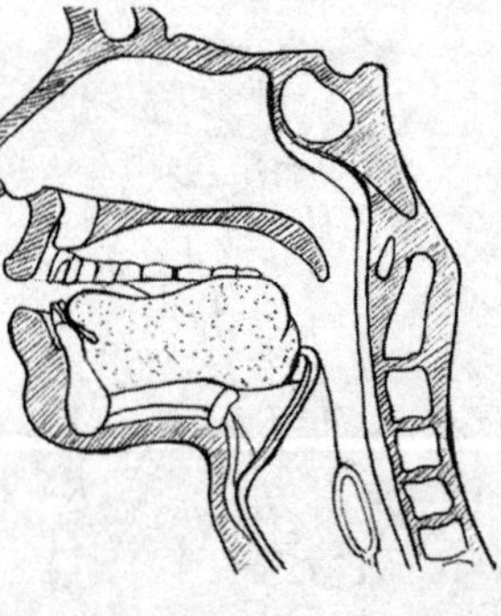

图5-9

【练法】

1. 承接上势，两膝缓缓略向上伸立，双掌松开；同时，用鼻缓缓吸气。（图5–10）

2. 两掌缓缓向体侧分开；吸气不停。（图5–11）

图5–10

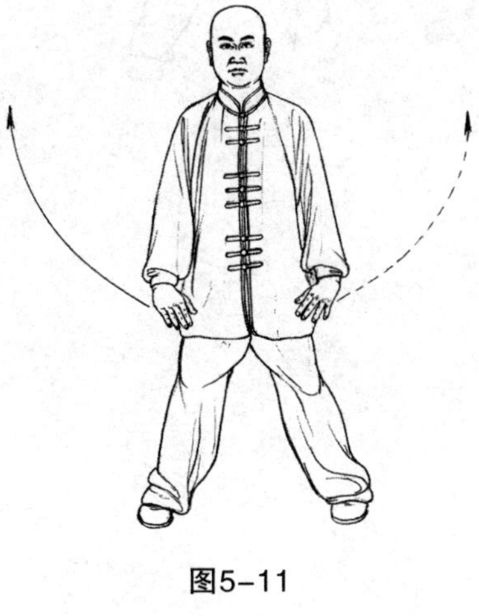

图5–11

3. 两掌上扬，掌心向上，指尖向外；吸气不停。（图5–12）

4. 两掌上举，至头顶前上侧，指尖相对，掌心向下；此时，吸气已满。（图5–13）

图5–12

图5–13

5. 口吐长音“呵——”；同时，身体下沉，两掌经胸前下按至腹前。（图5-14、图5-15）

图5-14

图5-15

三、呼字吐纳功

【口型】

“呼”（hū）音，为喉音。

发音吐气时，唇齿张开，舌两侧上卷，口唇撮圆前伸。

气从喉出后，在口腔中形成一股中间气流，经撮圆的口唇呼出，发长音“呼——”。（图5-16）

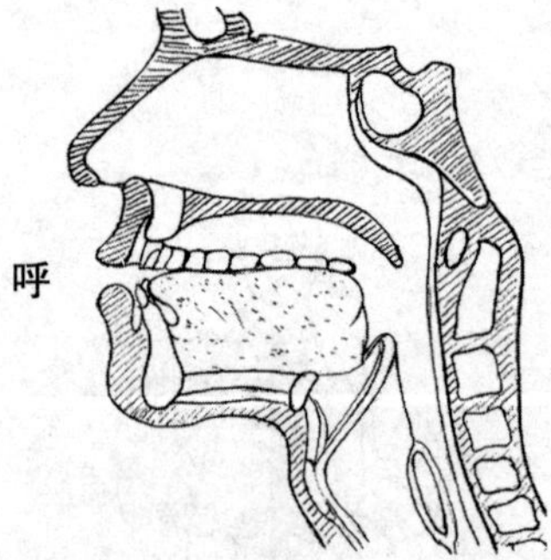

图5-16

【练法】

1. 承接上势，两掌放回体侧，指尖向下，掌心向前；同时，用鼻缓缓吸气。（图5-17）

2. 两掌由体侧缓缓收抱腹前，指尖相对，掌心向上；吸气不停。（图5-18）

图5-17

图5-18

3. 两腿逐渐伸直；右掌收提至右胸前，左掌移至上腹左侧；吸气不停。（图5-19）

4. 右掌外旋至右肩上侧，指尖向后；左掌翻转，掌心向下，指尖向前，置于左小腹前侧；重心偏于右腿；此时，吸气已满。（图5-20）

图5-19

图5-20

5. 口撮拢吐长音“呼——”；同时，右掌上托，身体右倾；左掌下按于左大腿外侧。（图5–21）

6. 重心左移，两膝略屈；右掌下收至右胸前，左掌上移至上腹外侧；同时，用鼻缓缓吸气。（图5–22）

7. 两掌收抱腹前，指尖相对，掌心向上；吸气不停。（图5–23）

图5–21

图5–22

图5–23

8. 接着左托右按，口吐长音“呼——”，练法同上。（图5-24～图5-29）

图5-24

图5-25

图5-26

图5-27

图5-28

图5-29

四、呬字吐纳功

【口型】

“呬”（sī）音，为齿音。古人称上为牙，下为齿，合即牙齿。

发音吐气时，牙齿合拢，口唇微张，上下切牙相对，留有狭缝，舌尖放平并轻抵下齿上部，嘴角微微后引。

气从齿间出，发长音“呬——”。（图5–30）

呬

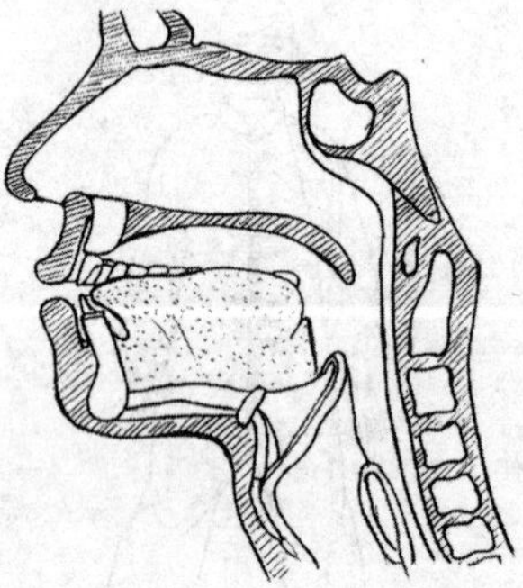

图5–30

【练法】

1. 承接上势，两掌自体侧收抱腹前，指尖相对，掌心向上；同时，用鼻缓缓吸气。（图5-31）

2. 两掌上托，指尖相对，掌心向上，提至胸前；吸气不停。（图5-32）

图5-31

图5-32

3. 两膝伸直，两掌缓缓外旋成剑指，指尖向上，掌心相对，高约与鼻平；此时，吸气已满。（图5-33）

4. 口吐长音“呬——”；同时，两膝缓缓下屈，身体下蹲。（图5-34）

图5-33

图5-34

5. 吐气不停；两手向左右伸臂展开，腕高平肩，指尖向上，手心向外。（图5-35）

图5-35

6. 吐气不停；松开剑指成掌，掌心向前，指尖向外。（图5-36）

7. 把气吐净；同时，两掌向下放回体侧，全身放松。（图5-37）

图5-36

图5-37

五、吹字吐纳功

【口型】

“吹”（chuī）音，为唇音。

发音吐气时，舌体、嘴角后引，智齿相对，两唇向两侧拉开收紧，前面形成狭隙。

气从喉出后，从舌两边绕舌下，经唇间隙缓缓而出，嘴角略向后引，两唇抿而不合，发长音“吹——”。（图5-38）

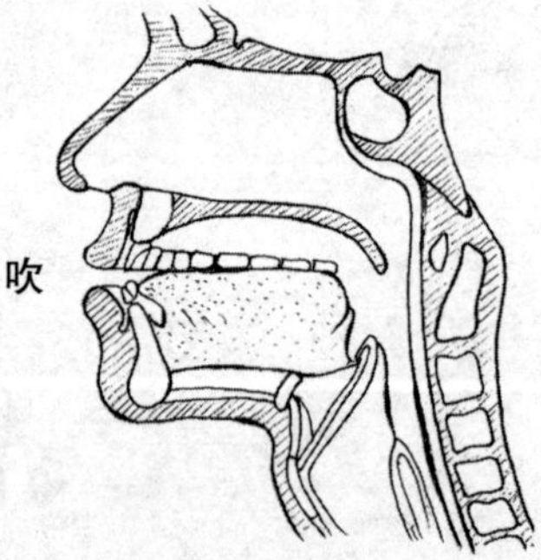

图5-38

【练法】

1. 承接上势，两腿渐渐伸直；两掌内旋后伸，掌背贴身上提；同时，用鼻缓缓吸气。（图5–39）

2. 两掌从腋下向前，转至胸前，掌心向上；吸气不停。（图5–40）

图5–39

图5–40

3. 两腿稍蹲；两掌转腕上划，成环臂状，指尖相对，掌心向下，高与额平；此时，吸气已满。（图5-41）

4. 口吐长音“吹——”；同时，两膝缓缓屈蹲成低马步；两掌环臂抱于膝部侧上方。目视前下方。（图5-42）

图5-41

图5-42

5. 把气吐净；两掌下落于两膝外侧，掌心向里，指尖向下；全身放松。（图5-43）

图5-43

六、嘻字吐纳功

【口型】

“嘻”（xī）音，为牙音。

发音吐气时，牙齿合拢，口唇微张。舌尖放平并轻抵下齿中部，嘴角略后引并上翘，上下门牙对齐，臼齿上下平对咬合。

呼时使气从臼齿边的空隙中经过，发长音“嘻——”。（图5-44）

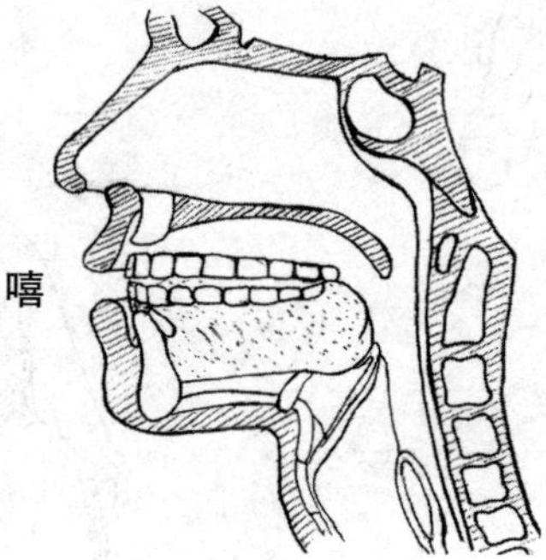

图5-44

【练法】

1. 承接上势，身体上提，两膝略屈；两掌收抱于小腹前，指尖相对，掌心向上；同时，用鼻缓缓吸气。（图5-45）

2. 双目微闭，屈膝下蹲；两掌下垂于两小腿外侧，指尖向下；吸气不停。（图5-46）

图5-45

图5-46

3. 两腿逐渐伸直；两掌前抱，指尖相对，掌心向上，逐渐提至胸前；吸气不停。（图5-47）

4. 托掌外旋至肩前上侧，转掌成指尖向后；此时，吸气已满。（图5-48）

图5-47

图5-48

5. 口吐长音“嘻——”；同时，两掌缓缓上托。（图5-49）

6. 两掌至头顶侧上方时，指尖相对，虎口向前；将气吐净。（图5-50）

图5-49

图5-50

七、收势

【练法】

1. 承接上势，身体放松，两掌转腕，指尖向外，低头含颌；同时，用鼻缓缓吸气至满。（图5-51）

2. 以鼻长呼；同时，两掌里合，掌心向下，指尖相对。仰面，目视两掌。（图5-52）

图5-51

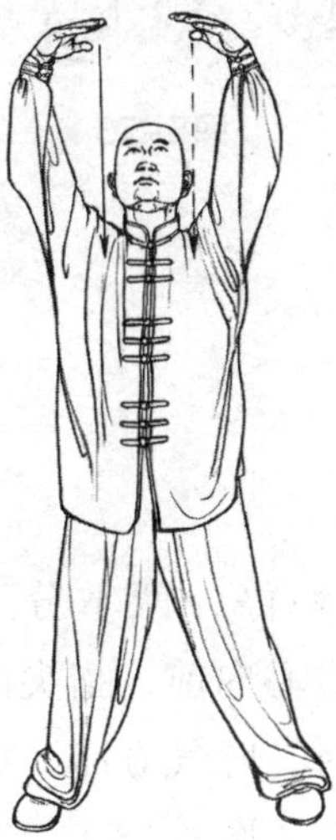

图5-52

3. 呼气不停；两掌缓缓下按至小腹；两膝略屈。目视前方。（图5–53、图5–54）

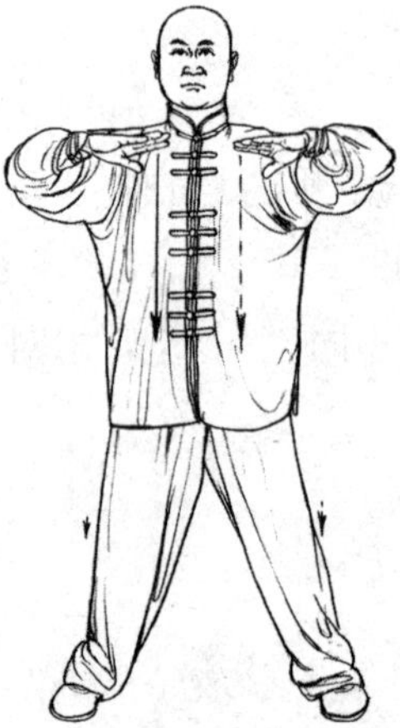

图5–53

图5–54

图5–55

4. 稍停，两掌分于体侧，掌心向前，指尖向下；此时，呼气方净，放松全身。（图5–55）

5. 以鼻自然吸气；两掌垂于体侧，身体重心移于右腿，提起左脚跟。（图5-56）

6. 以鼻自然呼气；左脚收拢，两脚并步，正身直立。本功到此收势。（图5-57）

图5-56

图5-57

第六章

坐势六字吐纳功

坐势吐纳六字功，原为少林内功家临睡或起床等时加修之功，与禅功之静悟互为补益，视为秘传很久。

现从推广益众的角度来讲，一般人的体质大都可以练习站功，但年老、体弱、有病者，或其他不宜站立者，尤其是长期卧床者，选择站功确实很难坚持，所以吐纳坐势应运而生。

本功坐势吐纳，易学易练，且其吐气六字与世传不少此类功法有很大的不同。其独特之处在于借鉴了武功发劲之音——“嘘、哈、呜、嘶、嗨、唏”，发音独特，吐息有力，弥补了坐势练功量不足，保证了一定的强壮作用——补真元，益卫气，祛痼疾，强身体。好好练习，必可收到意想不到的理疗功效。

一、预备势

【练法】

1. 双腿盘膝而坐（初习时用散盘，渐用单盘，最后为双盘）；端正头颈，舌尖轻舐上腭，两掌扶按于两膝盖上；以鼻吐纳，短吸短呼，全身放松，静坐片刻。（图6-1）

2. 以鼻深深吸气；同时，两掌缓缓向后、向外分开，掌心向下。（图6-2）

图6-1

图6-2

3. 深吸不停；两掌继续外展，至与肋平，掌心向下，指尖向外。（图6–3）

4. 深吸不停；两掌向前、向里合抱。（图6–4）

图6–3

图6–4

5. 深吸不停；两掌外旋，收至腹前，指尖相对，掌心向上。（图6–5）

6. 深吸不停；两掌上托，至胸前内旋，指尖相对，掌心向里。（图6–6）

图6–5

图6–6

7. 动作不停，两掌内翻，指尖相对，掌心向下；此时，气方吸满。（图6–7）

图6–7

注：

以上为连续动作，为了方便读者学练，作了细致图解。以下也有类似情况。

8. 以鼻长长呼气；两掌缓缓下按至腹前。（图6–8）

9. 以鼻深吸；两掌内旋外翻，缓缓向前拨出，两臂成弧形，掌心向前下方，指尖相对。（图6–9）

图6–8

图6–9

10. 深吸不停；两掌外划，掌心向内，指尖相对，如抱球状。（图6-10）

图6-10

11. 动作不停，两掌下落收拢抱于脐部，虎口交叉，右掌心按左掌背，左掌心贴肚脐；此时，气方吸满。然后，两目垂帘，意守丹田，调匀呼吸。（图6-11）

图6-11

二、嘘字吐纳功

【练法】

1. 承接上势，睁开双眼，目视前方；深吸长呼，吐纳数十次。（图6–12）

2. 两掌缓缓松开，下落置于两膝上侧，掌心向上，指尖斜向下；以鼻深吸。（图6–13）

图6–12

图6–13

3. 两掌缓缓收至两肋前（约在章门穴前侧），指尖相对，掌心向上；以鼻长呼。（图6-14）

4. 两掌上抬至胸前；呼气至净。（图6-15）

图6-14

图6-15

5. 两腕交叉，左掌在外，右掌在里，掌心均向里，指尖斜向上；以鼻深吸。（图6-16）

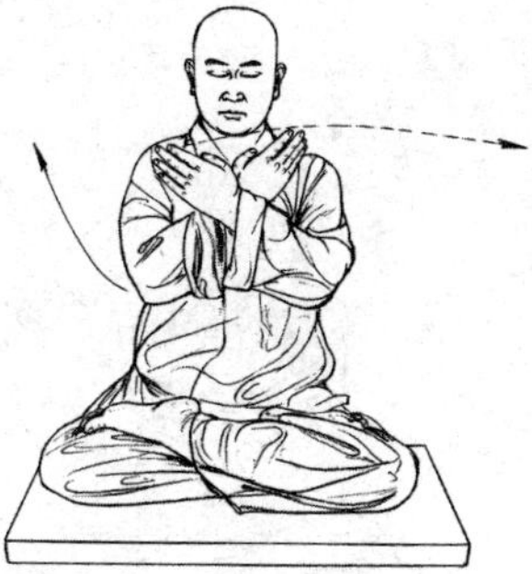

图6-16

6. 右臂抬肘与肩平，右掌置于右肩前，虎口向上，指尖向左；左臂内旋，使虎口向上，指尖向左，向左侧平肩伸出；头左转，目视左掌；此时，吸气已满。（图6–17）

图6–17

7. 口吐“嘘——”字音；左掌缓缓下收于左腰间；右掌由右肩前缓缓向左侧穿出，掌心向上，指尖向左；上身以腰为轴，左转约90°。两目渐渐圆睁。（图6–18）

图6–18

8. 待将气息“嘘”净后，以鼻深吸；右掌经头顶上方，向右侧划弧，伸臂略平肩，指尖向外，虎口向上；上体右转；左掌上抬至左肩前，屈肘与肩平，掌心向外，虎口向下，指尖向右。（图6-19）

图6-19

9. 以鼻长呼；上体左转，两掌左右展开，腕高平肩，指尖向上，掌心向外；头向左转。目视左侧方。（图6-20）

图6-20

10. 以鼻深吸；两掌缓缓收落于两肋前侧，掌心向上，指尖相对。（图6-21）

11. 深吸不停；两掌上抬胸前。（图6-22）

图6-21

图6-22

12. 吸气不停；两腕交叉，右掌在外，左掌在里，掌心均向里，指尖斜向上。（图6-23）

图6-23

13. 左臂抬肘与肩平，左掌置于左肩前，虎口向上，指尖向右；头向右转，右臂内旋，虎口向上，指尖向右，向右侧平肩伸出；此时，吸气已满。（图6-24）

14. 口吐“嘘——”字音；右掌缓缓下收于右腰间；左掌由左肩前缓缓向右侧穿出，掌心向上，指尖向右；上身以腰为轴，左转约90°。两目渐渐圆睁。（图6-25）

图6-24

图6-25

15. 以鼻深吸；左掌经头顶上方，向左侧划弧，伸臂略平肩，指尖向左，虎口向上；右掌上抬至右肩前，屈肘平肩，掌心向外，指尖向左。（图6-26）

图6-26

16. 以鼻长呼；上体右转，两掌左右展臂，腕高平肩，掌心向外，虎口向前。（图6–27）

17. 以鼻深吸；两掌缓缓收落于两肋前侧，掌心向上，指尖相对。（图6–28）

图6–27

图6–28

18. 以鼻长呼；两掌下落腹前。两目垂帘，意守丹田，调匀呼吸。（图6–29）

图6–29

三、哈字吐纳功

【练法】

1. 承接上势，以鼻深吸；同时，两掌小指轻贴腰际微上提于肋侧，指尖斜向前下方。（图6–30）

2. 以鼻深吸；两掌缓缓向前下插出，两臂微屈，掌高约与脐平，掌心斜向上。目视两掌。（图6–31）

图6–30

图6–31

3. 吸气不停；两掌缓缓向前上方抬举，至两臂与肩平。（图6-32）

4. 屈臂内收，两掌至颌前翻掌，掌心向下，指尖相对，停于胸前；此时，吸气已满。（图6-33）

图6-32

图6-33

5. 口吐“哈（hā）——”字音；两掌缓缓下按腹前。（图6-34）

6. 待将“哈”音吐净，以鼻深吸；翻双掌成掌心向上，上抬胸前。（图6-35）

图6-34

图6-35

7. 吸气不停；两掌内旋直臂上举，上托于头顶上方，掌心向上，指尖相对。（图6-36）

图6-36

8. 吸气不停；两掌向左右分开，至与肩平，掌心向下。（图6-37、图6-38）

图6-37

图6-38

9. 吸气不停；两掌直臂向前合拢，至两臂与肩同宽时，虎口相对，指尖向前，掌心向下。（图6-39）

10. 两掌内收胸前，屈肘约与肩同高，两掌内屈，指尖向下，掌背相贴；此时，吸气已满。（图6-40）

图6-39

图6-40

11. 两掌缓缓下插至肚脐前；同时，口吐“哈——”字音。目视前下方。（图6-41）

图6-41

12. 以鼻深吸；两掌内旋外翻，掌心向外，缓缓向前上拨出，至两臂成半弧状，高约与肩平。目视前下方。（图6-42）

图6-42

13. 吸气不停；两掌外旋内翻，指尖向外，掌心向前。（图6-43、图6-44）

图6-43

图6-44

14. 吸气不停；两掌内合于腹前成“捧掌”，掌心向上。（图6–45）

15. 吸气不停；两臂屈肘，两掌捧至胸前，掌心向内，两中指尖约与口同高。（图6–46）

图6–45

图6–46

16. 两肘外展抬平，约与肩同高，两掌内翻，指尖向下，掌背相贴；此时，吸气已满。（图6–47）

图6–47

17. 口吐"哈——"字音；同时，两掌缓缓下插至小腹前。目视前下方。（图6-48）

图6-48

18. "哈"字音吐净，以鼻深吸；两掌缓缓收拢，盖在肚脐上，虎口交叉，右掌在外。然后，两目垂帘，意守丹田，调匀呼吸。（图6-49）

图6-49

四、呜字吐纳功

【练法】

1. 承接上势，以鼻深吸；两掌分开，向两膝上方伸出，掌心向前，指尖向外。（图6-50）

2. 吸气不停；两掌继续向体侧前伸，掌心向上，指尖向外。（图6-51）

图6-50

图6-51

3. 吸气不停；两掌外旋向斜上方举起，渐渐高过头顶，肘关节微屈，随之抬头。目视前上方。（图6–52、图6–53）

图6–52

图6–53

4. 下颌内收，两臂内旋屈肘，两掌下落，与肩同宽，掌心向下，指尖向前；吸气至满。（图6–54）

图6–54

5. 口吐“呜（wū）——”字音；两掌转腕，掌尖相对，虎口向上，两臂成半弧形，缓缓下落。“呜”字音吐净时，两掌收至小腹前，掌心向上，指尖相对。（图6–55、图6–56）

图6–55

图6–56

6. 以鼻深吸；两掌自小腹侧向胸前上托，至两乳前停住，指尖相对，掌心向上，肘尖向外。（图6–57）

图6–57

7. 口吐“呜——”字音；同时，两掌翻转，直臂向上举托于头顶上方，掌心向上，指尖相对。仰面，目视掌背。（图6–58）

图6–58

8.“呜”字音吐净后，以鼻深吸；两掌向左右分开，掌心向外，指尖向上。（图6–59）

图6–59

9. 两掌下落，至与胸平时转腕，掌心相对，虎口向上，两臂成环抱状；吸气至满。（图6-60）

图6-60

10. 两掌捧于小腹两侧，指尖相对，掌心向上，环臂成托抱状。两目垂帘，意守丹田，调匀呼吸。（图6-61）

图6-61

五、嘶字吐纳功

【练法】

1. 承接上势，以鼻深吸；两掌左右弧形上抬，两臂屈肘，两虎口相对成圆形，掌心向前，掌距面部约30厘米。（图6–62）

图6–62

2. 两掌握拳，左右缓缓分开，至体侧成屈举势，挺胸，前臂约与地面垂直，拳面向上，拳心向前；头向左转，目视左侧；吸气至满。（图6-63、图6-64）

3. 以鼻长呼；转正，两拳变掌里合。（图6-65）

图6-63

图6-64

图6-65

4. 接着练习右转握拳动作。（图6-66、图6-67）

5. 以鼻长呼；转正，两拳变掌里合。（图6-68）

6. 以鼻深吸；两肘下落夹肋，两手顺势立掌肩前，掌心相对，指尖向上，两肩胛骨向脊柱靠拢，展肩扩胸。仰面，目视前斜上方。（图6-69）

图6-66

图6-67

图6-68

图6-69

7. 口吐“嘶（sī）——”字音；同时，正头颈，松肩伸项；两掌缓缓向前上推，腕高平肩，掌心向前，指尖向上。目视前方。（图6-70、图6-71）

图6-70

图6-71

8.“嘶”字音吐净后，以鼻深吸；两掌向外旋腕，转至掌心向内，指尖相对，两掌约与肩宽。（图6-72、图6-73）

图6-72

图6-73

9. 吸气不停；两掌下落，环抱胸前，掌心向内，指尖相对。（图6–74）

图6–74

10. 两掌收贴腹部两侧，掌心斜向上，指尖斜向下；吸气至满。两目垂帘，意守丹田，调匀呼吸。（图6–75）

图6–75

六、嗨字吐纳功

【练法】

1. 承接上势，以鼻深吸；两指尖贴腹部向后摩运至后腰，指尖向后，掌背贴腰；上体前俯。目视下方。（图6-76）

2. 吸气不停；随着上体前俯，两掌后伸，指尖向上，虎口向里，直至臂直。目视前下方。（图6-77）

图6-76

图6-77

3. 吸气不停；两掌向体侧平摆，掌心向下，虎口向前。（图6-78）

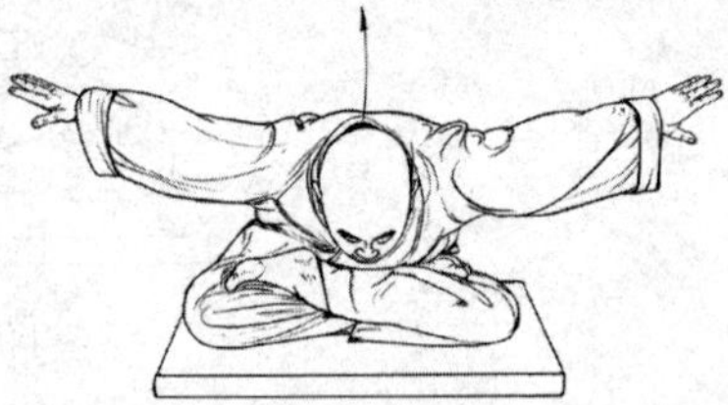

图6-78

4. 上体缓缓立起；两掌弧形前摆平举，虎口向下；吸气至满。（图6–79）

图6–79

5. 口吐“嗨（hāi）——”字音；两掌向前直臂合拢，高、宽同肩，掌心向下，指尖向前。（图6–80）

6. “嗨”字音吐净后，以鼻深吸；两掌缓缓收回，轻抚腹部，指尖斜向下，虎口相对。（图6–81）

图6–80

图6–81

7. 以鼻长呼；两掌沿带脉向外摩运至腰后，掌心轻贴腰眼，指尖斜向下。（图6–82）

图6–82

8. 以鼻深吸；两掌上提，贴腰侧、肋后摩运至腋下，指尖斜向前下。（图6–83）

图6–83

9. 口吐“嗨——”字音；两掌顺肋向下摩运，至小腹后两掌内旋，掌心向下，指尖相对。目视前下方。（图6-84）

图6-84

10. 以鼻深吸至满；两掌缓缓收拢脐前，虎口交叉。两目垂帘，意守丹田，调匀呼吸。（图6-85）

图6-85

七、嘻字吐纳功

【练法】

1. 承接上势，以鼻深吸；两掌缓缓左右分开，掌心向后，指尖向下。目视前方。（图6–86）

2. 吸气不停；两掌继续外展，至与肋平，掌心向下，指尖向外。（图6–87）

图6–86

图6–87

3. 两掌向里合抱，缓缓收至腹侧成环臂状，虎口向上，指尖相对；吸气至满。（图6–88）

图6–88

4. 以鼻长呼；两掌内收至小腹前，转腕成掌背相对，掌心向外，指尖向下；含颔。（图6–89）

图6–89

5. 以鼻深吸；提肘带掌，上提胸前，两臂与肩平。目视前下方。（图6-90）

图6-90

6. 两掌继续上提至面前，分掌、外开、上举，两臂成弧形，指尖斜向上，虎口向后；吸气至满。（图6-91）

图6-91

7. 口吐“唏（xī）——”字音；两掌屈肘，缓缓回收胸前，下按腹前。（图6-92～图6-94）

图6-92

图6-93

图6-94

八、收势（纳气归元）

【练法】

1. 承接上势，以鼻深吸；两掌向下、向外分至胯旁，掌心斜向下，指尖斜向前。（图6–95）

2. 吸气不停；两掌外旋，掌心斜向里，指尖斜向下。（图6–96）

图6–95

图6–96

3. 两掌缓缓里合，虎口交叉相握（左掌在里，右掌在外），轻抚肚脐；深吸至满。（图6–97、图6–98）

图6–97

图6–98

4. 以鼻长呼。继用两掌以肚脐为中心揉腹，顺逆各转数圈；吐纳自然。

5. 最后，两掌松开，扶按于两膝上；调息片刻，放松全身，本功收势。（图6–99）

图6–99